从边缘到超越

——现代文学史"零余者"
无名氏学术肖像

赵江滨 著

学林出版社

目　录

关注形而上　解读形而上（序）

汪应果

一

现代著名作家无名氏的坎坷的文学史命运已经令人感慨，但殊不知，将其作为学术研究对象的无名氏的学术命运也并不见佳。众所周知，最近二十多年中国现代文学研究领域的一个醒目特征就是一系列被历史尘封的著名作家的相继浮出"水面"，重见天光。而且，假如要排列一下这个名单的话，我相信，最后一个无疑是无名氏——甚至在无名氏刚刚去世的这个 21 世纪初，对无名氏的思想和创作却仍然难以做到盖棺论定，就很说明问题。

对无名氏的学术认知为什么姗姗来迟？原因当然是多方面的，但排除了其他因素，其中无名氏在创作中所追求的超越时代的形而上文化价值，无疑是一个需要时间才能慢慢消化的坚硬内核。于是无名氏的学术命运在让我有些同情的同时，更多的是让我对他产生敬意。同时也使我对中国当今并非乐观的文化和学术现状产生了诸多的联想。

无名氏在很长的时间里是自我放逐的，是自我边缘化的。其实他一生中是有无数机会可以使自己过得更好一些、声名更显赫一些。比方说，在国民党时代，他完全有条件、有资格去做一个蒋介石的御用文人，完全不必躲到尼姑庵里去思考那些玄而又玄的问题等等；但是这些机会他都放弃了，他让自己过着赤贫的生活。

尽管无名氏作为一个人，也有七情六欲，也有这样那样的缺点，但至少他作为一个文人，他坚定守护了自己的社会角色，完成了社会批判的任务。

由此我又突然发现,在人类漫长的历史长河里,大凡追求形而上的人都有一个共同的规律,就是追求自我放逐——老子骑着青牛出了函谷关就不知所终了,屈原疯疯癫癫地投入了汨罗江,费尔巴哈晚年干脆躲到一个小镇上去生活,连林黛玉临死的时候都要"质本洁来还洁去",一定要离开金陵回到扬州去。中国历史上大批的文人做了隐士,看来就是源自于对形而上的关注。

无名氏的自我放逐,根源就在于他对形而上的持续的热情与兴趣。

说到这里,不禁有人会问:"你如此地推崇形而上,请问,形而上到底有什么用处?"

这个问题确实问到了形而上的软肋,但此类问题就好像问"道德值多少钱一斤"一样,令人难以回答。

二

用形而下的观点来看待形而上的问题,这固然是当今某些中国人的惯常思考方式,但其实质犹如让猴子去思考人。不过,我还是想尝试着就这个问题做些回答。我想起我们人类的远古祖先——智猴。根据古生物学家的考察,智猴体型极小极小,据说只有手掌般大,不论是脑容量还是体力,在众多的物种中,一点优势也没有。即使拿进化到今天的人类来看,其人性也远比有些物种还低劣,比方说,人类具有与生俱来的人性恶,这在鲸类——尤其是海豚类动物中是没有的。这说明,如果仅从先天条件看,人类是一个有着严重缺陷的物种。然而凭什么人类能够进化成万物之灵长?唯一的解释只能是,人类自古以来就有思索形而上的极大的热情(据我观察,自然界中除人类以外,海豚极可能也具备思索形而上的能力,这从它们处理族群内部关系、处理与人类的关系、以及处理与其他物种间的关系中可以看出来,它们有一种超越现实层面的考虑)。正是这种能力,使远古人类不停地追问宇宙的来源、人类的来源、人生存的意义等等问题,并在这不停地追问中为了寻找答案而手脑并用征服自然,超越了自身的局限,因而发达了自身的大脑和其他方面的身体素质,从而使他从众多的竞争者当中脱颖而出。到了一定的时候,《奥义书》出现了,《易经》、《老子》出现了,《形而上》出现了,于是几乎是同时出现了人类古代伟大的东、西方文明。在一个物质万分匮乏的远古时代,人类最早出现的书为什么不谈形而下,反而全谈形而上的问题,这本身就是一件令人惊奇的事,它再一次证明了人类对形而上的追求出自于他的本性,是他的独特优势。想一想屈原的《天问》,想一想文天祥的"天地有正气,杂然赋流形"的诗句,想一想在德军围困下的列宁格勒,饥肠辘辘的人们从四面八方的战壕里,从成千上万的死人堆里,从快要送进停尸房的担架上挣扎着爬下来,用伤残的手演奏出肖斯塔科维奇的《第七交响曲》,当乐曲结束时,鼓手敲出他一生中最响亮的乐章,然后虚弱的倒在地上,鼓槌从他的手中滑落……这时候,人类是在追求什么?

形而下是人类的肉体,形而上则是人类的精魂!

没有形而上的追求,人类就要堕落,就要退化。而一个缺少形而上关怀的民族是没有希望的民族,缺少形而上追求的人属于"低级趣味的人"(毛泽东语)。

无名氏就是这样一个追求形而上的作家。这样的作家要让今天的中国人感兴趣,要让今天的中国人理解,很不容易。

三

赵江滨的专著《从边缘到超越——现代文学史"零余者"无名氏学术肖像》就是沿着解读无名氏的形而上追求这条正确的路径朝前推进的,他使我国的无名氏研究进入了一个新的平台。

如果说前面出的那些文学史是在对无名氏做浅尝辄止的轮廓勾勒的话,那么,我与赵江滨合写的《无名氏传奇》就是第一次为这位作家平反昭雪,并对他的思想、作品第一次进行比较符合实际的全面的拨乱反正的评价。然而问题并没有到此结束,因为《无名书》里最麻烦的是他的许许多多的哲学问题。对这些问题的研究就成为赵江滨这部专著的任务。应该说,这个任务他完成得很好。我在这里不想重复他论述中的精彩部分,这只要通过对本书的阅读就可以知道了。我想指出的是,赵江滨的研究抓住了无名氏两个最核心的问题:一是作家的关怀属于文化的关怀,不属于政治的关怀;二是作家思考的核心是生存的价值、存在的意义。抓住这两个方面,无名氏的书就好理解了,他的作品的价值也就清楚了。至于其他方面诸如是现代主义还是浪漫主义,是形式创新还是文字滥情等等,都可以迎刃而解。

作为第一个问题,由于中国现代文学多数作品都热衷于政治关怀,都想从政治方面寻找出路,都想演绎政治理念,因而批评家也好,读者也好,对于文化关怀的作品就难以接受,总认为这些作家作品游离于现实之外,因而得不到重视。赵江滨的书就把文化关怀的来龙去脉梳理得很清楚,他告诉我们,文化关怀恰恰是源自"五四"的启蒙运动,源自严复、梁启超、胡适、鲁迅的思想,它们本应是正流,主流,无名氏恰恰是坚持了启蒙运动的方向,从而从总体上为无名氏定了位。

作为第二个问题,也是最难讲清楚的问题,就是《无名书》里云山雾罩地写了人生"五相",这到底是什么意思?它太抽象,太不近现实,似乎有的地方也不近情理,虽然我们阅读时也能感到有些话很有力,很深刻,但总觉得与现实距离过远,因而怀疑作品的价值。赵江滨告诉我们,无名氏所思考的是,要解决中国文化的问题,关键是解决中国文化中关于生存、存在的价值问题;所谓"五相",实际上就是20世纪中国人的五种不同的价值体系,也是20世纪中国人艰苦探寻的思想历程。为此,作者把存在主义哲学对于无名氏的影响,以及存在主义的内涵究竟是什么,条分缕析地进行了深入地探讨,显示出本书作者很深的功力。讲清楚了这一点,无名氏在文学史上的地位也就清楚了。正像我在前面指出的那样,20世纪中国文学关注形而上的很少,除了鲁迅,能像无名氏这样全力以赴地思考终极问题的,恐怕没有第二位了吧。

　　今天我们评价无名氏,并不是要随便吹捧,而是为了讲清楚他的文化贡献所在。事实上,他晚年生活中,我也算得上是一个与他十分接近的人,他去世前最后一个电话也是打给我的,我也很了解他的局限,他的毛病,我知道他身上也有庸俗的一面,媚俗的一面,但这一切都不能取代他的作品的价值,毕竟作家是以他的作品来说话的,在这方面我期待着在本书的后面还会有源源不绝的著作问世。

　　　　　　　　　　　　　　　　　　　　　2005 年 4 月 7 日

前　言

　　20世纪40年代中叶，无名氏（原名卜乃夫）曾经以两部艳丽凄婉的中篇小说《北极风情画》和《塔里的女人》风靡文坛，成为当时与徐訏齐名的走红作家。但从那以后，无名氏却一头栽进篇幅浩瀚的系列长篇《无名书》的创作，主动远离了流行文坛。建国以后，无名氏悄然淡出文坛，变为无人知晓的存在。与此同时，他也被一部部文学史著作所"遗忘"。就在他的创作年龄和生理年龄都堪称是"巅峰"的时候，他却囿于种种复杂的原因被甩入社会的边缘角隅。无名氏不但自己的人身变成了名副其实的社会边缘人，同时他花费巨大心血结撰的《无名书》也成为不合政治时宜的另类文化产品，他不得不从公开的创作转入"地下"。无名氏的文学史浮沉乃至隐遁遭遇，可能早就先定于这个自我命名的内在个性和思想中了。试想，用"无名氏"作为进入文坛的大纛，这是何等狷介的姿态！其孤傲、叛逆、张扬等等充满张力的因素似乎都写在其中了。因此，无名氏的文学史命运既有外在的因素，也存在深刻的自身因素。如果要用一句最简略的话来概括他的全部生活际遇的话，可以说，他是一个置身社会边缘的文化创造者。

　　无名氏文学史的遭遇具有很大的学术和现实意义，因而已经引起许多学者的关注。近年来，对无名氏的研究正日渐其多，这在杨义的《中国现代小说史》、严家炎的《中国现代小说流派史》、钱理群等人的《中国现代文学三十年》中都得到了突出的反映。无名氏正在重新走入文学史。与此同时，无名氏的神秘经历也成为普通读者好奇的内容。关于无名氏的传记和评传目前已有几部出版（本人也是上海文艺出版社《无名氏传奇》的作者之一），但对其生平、思想和创作进行深入综合的学术理论研究的工作则由于无名氏思想、创作的复杂

1

性,至今尚付阙如,这不能不是一个遗憾。从某种意义上说,本书试图弥补这个遗憾。

由于种种复杂的原因,无名氏的生平、创作和思想仍处于文学史研究的相对朦胧乃至隐匿状态。因此,从事这个作家的个案研究,首先具有填补学术空间的建设意义。但这只构成了本书研究的基础和前提,本书并不特别瞩目于此,更浓厚的学术兴趣是想通过对无名氏特殊性格、复杂思想和奇异文学创作形态的钩沉、描述和分析,揭示某种性格和文化追求在特定的历史情境中的必然命运。由于得到无名氏生前提供的第一手资料,本书的翔实和准确将是不言而喻的。

本书分五个部分对无名氏的创作、人生和思想进行了细致梳理、考证与研究,分别是:一、从叛逆到创造——无名氏生平及创作探赜;二、边缘与超越——无名氏自由主义的文化关怀;三、离"家"的焦灼——无名氏存在主义的生命关怀;四、语言乌托邦——无名氏现代主义的文学关怀;五、喧哗与骚动——《无名书》的复杂文化因素。

第一个部分,简单钩沉发微了无名氏的生平及创作。认为无名氏1934年的离家出走的断然抉择,是其人生和创作走向自觉的开始。1934~1945年是其创作前期,许多未终篇的小说片断说明他的创作仍处于鲜明的文体及语言的探索阶段,但对生命的形而上意味的兴趣已强烈渗透其中,如短篇《崩颓》、《逝影》、《日尔曼的忧郁》等;另一方面,忧郁而热烈的抒情似乎更适合无名氏的生命气质,《北极风情画》和《塔里的女人》标志着他前期创作的巅峰。本书对这两篇小说的评价与以往不同,认为这两篇小说采纳的形式和主题尽管俗常,但作者特有的气质和文化背景却于俗常中挖掘出了人性的深层次东西,因而对其长久的艺术价值不应低估。1945年以后,以《无名书》的六卷长篇为代表的文学创作,几乎囊括了无名氏后期创作的全部内容。这部作品不仅卷帙浩大,结构宏伟,思想深邃,而且在文体的创新上充满探索。同时它的艰辛的"地下"创作方式浸透了文化的悲凉意味。

第二个部分,本书试图揭示无名氏被文学史逸出视野的政治原因,通过对其自由主义思想立场的揭示,表明了他社会边缘的人生走向。但无名氏处于社会边缘而不忘文化关怀,这又表明了他自由主义思想赋予的独立人格和独立的理性精神的人生超越倾向。

第三个部分,本书试图揭示无名氏存在主义的人生态度,从巴金的《家》与无名氏的《野兽、野兽、野兽》对"家"的不同态度的比较,展示了无名氏的存在主义生命意识,存在主义的异化、焦虑、死亡等等情绪都在无名氏的思想和创作中得到了突出的体现。本书认为,对于"时间"在生命结构中的地位的认识,是无名氏存在主义思想中的最重要特征,由此也派生了他创作中的人物特征。存在主义文学内容的出现,应该是对五四倡导的"人的文学"精神的深化。

第四个部分,本书试图揭示并确认无名氏的现代主义者的文化身份,通过对现代主义内涵的归纳整理,找出现代主义的核心内容,同时通过对无名氏文学主张和艺术观念的分析,对其作品的形而上偏执以及"向内转"特征的分析,认定他是一个鲜明的现代主义作家。并对现代主义文学在中国现代文学史上的地位进行了简略论述。

第五个部分,对无名氏六大卷《无名书》进行了专门研讨,因为《无名书》是无名氏花费十五年的心血、倾注了他毕生的思想和艺术才力创作的大书,蕴含了他的大文化追求,渗透了他的各种艺术主张,汇聚了他的向语言极限挑战的狂想。本书从对其艺术结构、主人公印蒂的形象塑造、语言乌托邦的文体狂想、风格诸方面进行了探讨。认为这是一部充满语言喧哗和生命骚动的"诗与哲理"小说。它在现代文学史的开创性贡献应予肯定,当然它的局限也在所难免。

综上所述,无名氏是一个具有独特性格、独立的理性精神,并具有独特的思想和艺术追求的中国现代作家,他力图将文学创作融入世界性的文化思潮,力图用文学的笔触叩问生存的意义,力图将宏大的文化观念付诸创造性的语言表达中,这一切都显示了他的创作所具有的卓越的艺术品格。在超越文学史昨天的历史局限性以后,从今天的时代窗口重新眺望无名氏远去的身影,它留给我们的是一道孤独、凝重但又值得深深玩味的独特风景。

全书有三个附录：一个 1997 年在第四届巴金国际学术研讨会上提交的论文，涉及对巴金与无名氏的文学与思想比较；另一个是 1998 年 10 月底无名氏在南京大学中文系所作的演讲录音整理摘要，这也是无名氏在大陆唯一的演讲记录；第三个是无名氏年谱简编，参考了无名氏手书未刊《年谱》，具有珍贵的参考价值，供无名氏研究者参考。

Preface

This dissertation is a monographic study on the contemporary well-known writer Wu Mingshi（Pu Naifu）. The dissertation consists of five parts involving a detailed observation on Wu Mingshi's Writing, life and thinking as:（1）Wu Mingshi's life and writing stages，（2）the marginal location and extension: his cultural involving as a liberal，（3）anxiety in his leaving home: his life involving as an existentialist，（4）linguistic Utopia: his literary involving as a modernist，（5）sound and furry comprehensive interpretation of *"Wu Mingshi's Drafts"*.

The first part of my dissertation briefly explores Wu Mingshi's life and writing. I argue that his sudden leaving home in 1934 is beginning of his self-consciousness of life and writing. The period between 1934—1945 is the first stage of his writing. Those unfinished stories verify his experiments on language and form. His metaphysical interests in life also are reflected in these early Versions. For example, the short story *"Collapse"*, *"Vanishing Image"* and *"The Gloom of Germany"* etc. The gloomy and intensified lyric style in this period proves in accordance with his life qualities. *"A Secular Picture of The North"* and *"Woman In The Tower"* become the pit of his early writing. My appraisal on these two novels is different from those traditional in its adapted form and theme. Secular though they are, the writer, pertaining to his special qualities and personal cultural background, probes into the human nature in deep degree. We shall pay enough attention to its time lasting artistic enchantment. Wu Mingshi's main Writing after 1945 is found in the six volumes of *"Wu Mingshi's Drafts"*. It shows the large volumes, grand structure, sophisticated thinking, and more inventive linguistic style. Meanwhile, its *"underground writing"* reflects the gloomy light of cultural sadness and isolation.

The second part of my dissertation tends of probe into the political causes that exclude Wu Mingshi from literature history. My defense of his liberalism stand verifies his trend of life outside the social center. Even he puts himself outside the social center, he doesn't quit the cultural involving, and this further verifies the free state of his independent character and rational integrity determined by his liberalism thinking.

The third part of my dissertation tends to probe into Wu Mingshi's Life attitude of existentialism. The different consideration of family in BaJing's *"Family"* and Wu Mingshi's *"Animal, Animal, Animal"* verifies the life consciousness of existentialism of Wu Mingshi. Alienation, anxiety, death, and the other motives are discussed and expressed obviously in his works. I discover that the insistence of time in the life structure is the most important feature of Wu Mingshi's existentialistic thinking, and it further explains the features of his fictional characters.

The fourth part of my dissertation tends to probe into and

verify Wu Mingshi's cultural identity as a modernist, through concluding and sorting out his consciousness of modernism, find out the real kernel contents of modernism, meanwhile, through the analysis into Wu mingshi's literary and artistic ideas, the analyzeis into the metaphysical stubborn bias and the feature of *"turning inside"* in his works, define him as a distinct writer of modernism and sum up the modernism in literature in the Chinese history of contemporary literature.

The fifth part of my dissertation is the monographic research on the six volumes of *"Wu Mingshi's Drafts"*, considering that they are the result of his fifteen years' hard working, and proves his life-long thinking and artistic ability, his cultural seeking in grander scope, his various artistic ideas, his vain attempt to challenge linguistic limit. I discuss his artistic structure, his creating of the protagonist Yin Di, his wild linguistic Utopian form experiment, his style and etc. I define *"Wu Mingshi's Drafts"* as *"poetic and philosophical"* novel filled with linguistic sounds and life fury. Its in ventive contribution to the contemporary literature shall be fully affirmed and appreciated.

导论 无名氏:"浮出水面"的文学史失踪者

一、迟到的"归来者"

中国现代文学史是一段与当今社会生活仍未切断功利联系的历史文化时空,现代文学史的地平线仍在我们的视域之内。正因为如此,当代的各种社会因素便不可避免地粗暴侵犯了这一领域。众所周知,建国后的 30 年间,一大批在现代文学领域卓有建树并产生较大影响的作家,都莫名其妙地从现代文学史的星空消逝。由此,这段并未远去的现代文学史,通过以往文学史著作呈现于人们眼前的却是一具遭到肢解的、贫乏苍白的历史残躯。

当然,历史可以被踩躏于一时,但不会永远听命于施暴者的播弄。它的绵延无尽、直达永恒的时间意味,终将通过人的有限生命的不可比拟的性质,剥夺人对它的不恭。这又是深具反讽意味的。

1978 年以后,现代文学史终于还原了它不容亵渎的一面,被歪曲的文学史现象和作家受到了正视,被批判与玷污的文学史现象和作家给予了平反,被不正常遮掩的文学史现象和作家得到了挖掘和重视。现代文学史一度被阉割的丰富性通过一大串历史归来者的名单得到了生动的展示:周作人、沈从文、林语堂、梁实秋、钱钟书、路翎、萧乾、张爱玲、徐讦……

这种挖掘工作还不能说已经告罄。如中国现代文学史上的重要作家无名氏就仍处于相对朦胧的神秘状态,对于许多读者来说,无名氏仅具符号的能指功能,其所指为何是十分茫然空洞的。

无名氏在 20 世纪 40 年代犹如一匹黑马跃上文坛,以《北极风情画》、《塔里的女人》两部中篇小说成名,一时饮誉文坛,成为当时与徐訏齐名的走红作家。但这种情形没有维持很久。尽管其后他又出版了抱负和野心极大的《无名书》的前两部半——《野兽、野兽、野兽》、《海艳》和《金色的蛇夜》上部,但似乎没有产生前面那两部小说的轰动效应。也许艺术风格和文化追求的畸变是一个原因,另外,社会生活在历史的急遽变迁中动荡不宁,文化界已失去了对无名氏蕴含激情的文化创造进行有效解读的耐心。这当是更重要的原因。

建国以后,无名氏悄然从文坛淡出,变为无人知晓的存在,无名氏也像他的名字一样从此在文坛上消失了。很多人都以为他死在战乱中了,也有的人以为他去了遥远的海外,而台湾和香港许多爱好他作品的读者和作家以为他被大陆遣送到了遥远的新疆或是被关在精神病医院里。种种猜疑给无名氏这个名字蒙上了一层神秘的面纱。更为严重的是,与此同时,无名氏也被一部部文学史著作无情"遗忘"。就在他的创作年龄和生理年龄都堪称是"巅峰"的时候,他却囿于种种原因退隐于社会的边缘角隅。现在我们知道,他并没有因此而停止创作,只不过退隐为"地下"创作。文学创作希图的与读者的双向互动的话语过程在无名氏这里蜕变为纯粹孤立的"自言自语"。在孤立无援的境地中,他悲壮凄凉地继续着《无名书》后续篇章的写作。从 1951 年~1960 年,他陆续完成了《金色的蛇夜》续集、《死的岩层》、《开花在星云以外》、《创世纪大菩提》的创作,共约二百七十万言的《无名书》至此告罄。这是纯粹的独立人格和独立的理性精神的产物,和 50 年代公开行世的那些文学创作相比,这部作品凄然地存身于"地下",但却孤傲地昭示了理性、良知和创造力的不可灭绝的勇气。这是一份了不起的文化创造,它的文学史贡献仍有待人们认真的研究。

一般来说,作为后世性学术建构的文学史是对既往文学现象的审美筛选和理性辨识,在此过程中,有判断地淘汰是正常而必然的。同时,文学史的后世性学术建构又是以当代性观念为阐释背景而发生的对既往文学现象的解读,真正有价值的文学史对象必然要经受审美阐释的不断循环的检验。

这种情形表明,文学史具有鲜明的能动性。文学史的理论建构的当代性社会文化"引力",规定和制约着文学史研究主体对渐行渐远的文学史星空的探测视野。远景性的文学现象通过历时性的滞后阐释,汇聚到文学史的理论化空间,使其发生着某种阐释畸变,由此产生了存留和淘汰的选择。此种文学史的理论性建构的能动性是合法的,但也不应赋予无限的权利。这种能动性要想获得更多的客观性,还要有赖文学史现象内蕴的阐释可能性、时间提供的理性认知力以及和谐的社会文化语境的配合。

以往,中国现代文学史的学术建构,存在着远远超出其应有能动范围的偏差,对文学史研究政治性话语强暴成为其突出的征候。在相当长的一段时间里,对文学史现象的甄别、鉴赏和评价,"政治第一"几乎成了唯一的标准,此种严重的非历史理性和非审美判断的做法,造成了相当多的优秀作家被不正常地驱逐出了文学史的家园,成为满心冤枉的文学史不予收留的"孤魂野鬼",而文学史也在貌似整饬中充斥着文学内容的贫乏。

无名氏在建国后的遽然消隐现象,显然是未经文学史的审美阐释和理性认知过程的非正常性淘汰,因此,无名氏的文学创作的艺术成就及其现代文学史地位的确立,都有待重新解读、分析和确认,对无名氏没有这一过程的审美检视,任其在现代文学的星空迷失,这既是对一位重要作家的无端蔑视,也有负文学史赋予学者的学术文化使命。

当代作家史铁生曾谓:"人可以舍弃一切,但难以舍弃对理解的渴望。"这当是文学创作者的由衷浩叹。如果一个人与文字结缘却拒绝进入话语过程,那么,如果这不是故作姿态,便是有着某种迫不得已的客观隐情。

无名氏的文学史浮沉乃至隐遁遭遇,可能早就先定于这个自我命名的内在个性和思想中了。试想,用"无名氏"作为进入文坛的大纛,这是何等狷介的姿态! 其孤傲、叛逆、张扬等等充满张力的因素似乎都写在其中了。因此,无名氏的文学史命运既有外在的因素,也存在深刻的自身因素。如果要用一句最简略的话来概括他的全部生活际遇的话,可以说,他是一个置身社会边缘的文化创造者。

无名氏的文化命运带有一定的悲剧色彩,但无疑任何生命都不愿预设一个悲剧命运在前面等待自己去践约。无名氏的悲剧命运并不全然属于自己,它是人和史紧张互动的产物,钩沉和发微二者的不和谐关系,有可能使无名氏的传奇经历从一种纯乎个人的神秘履历升华为中国现代文学史上一桩富有阐释意义的文化档案。

二、"归来者"的艰难历程

无名氏是中国现当代文学史上的一位传奇性作家。像沈从文、张爱玲一样,当代学术界知晓无名氏首先是从海外开始的。1978年,无名氏得到了香港文学史家司马长风和美国哥伦比亚大学教授夏志清的首肯,尤其前者在其《中国新文学史》下卷中对无名氏和《无名书》给予了高度评价,认为《无名书》在风格、主题与语言上都表现了罕见的艺术独创性。[1] 该书后来在大陆公开出版后,引起了很大的学术反响,也首次披露了无名氏的文学史信息。但由于种种历史的、社会的以及政治的原因,在新中国成立后的 30 年内,中国内地对无名氏基本上无人知晓,关于无名氏的研究在现代文学研究领域中也是一段长长的空白。只是到了 80 年代以后,随着政治的松动与中国社会环境的宽松,无名氏的作品才在中国内地陆续出版,无名氏才为学术界重新认识。

中国内地第一个在新时期推出无名氏作品的刊物是 1980 年湖南的地方刊物《湘江文艺》。此后,《花城》、《芙蓉》及香港中文大学与香港大学合办的《星火文艺》等刊物纷纷登载。80 年代中期,曾庆瑞等在《中国现代小说 140 家札记》(漓江出版社出版,1985 年)中提及无名氏的生平与创作,这是 80 年代较早出现的评介无名氏的文字,但该文把无名氏轻率地定性为 40 年代新鸳鸯蝴蝶派的代表,抱怨

"读者沉醉于无名氏的色情描写和性的挑逗里"。对无名氏的误读和贬抑是不言而喻的,但如此评价无疑受限于当时的社会与文化语境。1986年,北京大学严家炎教授选编的《中国现代各流派小说选》第四册选入了无名氏的《逝影》、《海边的故事》、《日尔曼的忧郁》、《龙窟》等短篇,把中篇《塔里的女人》和长篇《野兽、野兽、野兽》作为存目编入其中,这是建国后首次带有概貌色彩的介绍无名氏的作品。1989年中国文联出版公司出版《中国新文艺大系》参考丛书,将《野兽、野兽、野兽》列入其中公开出版,这是该书在初版43年以后的再度与读者见面,带有很大的文学史"出土文物"性质。该书初版是在1946年12月,由上海时代出版社出版的。但建国后无名氏便和其作品一起进入了"尘封"状态。

　　无名氏的文学生涯可以溯自1937年。那一年他在上海《汗血周刊》上发表了散文《赶车人》,并在晚年表示,这是他"第一篇文字洗练、达到一定水平的文章"。[2]在系列长篇《无名书》第一部《野兽、野兽、野兽》出版之前,无名氏已有短篇《古城篇》、《海边的故事》、《日尔曼的忧郁》、《鞭尸》、《露西亚之恋》、《伽倻》、《狩》、《奔流》、《抒情》、《红魔》、《龙窟》,散文集《火烧的都门》,哲理随笔《沉思试验》,以及中长篇《一百万年以前》、《荒漠里的人》、《北极风情画》、《塔里的女人》等作品问世,尤其后两部作品曾使无名氏蜚声文坛,成为20世纪40年代后期"海派"文坛的代表作家之一。1946年以后,无名氏的主要精力集中在系列长篇《无名书》的创作上。

　　钱理群等人在《中国现代文学三十年》(上海文艺出版社,1987年)中把无名氏作为徐訏的陪衬,放在"洋场小说"中简单提及。但同样把《北极风情画》和《塔里的女人》看作"哀艳的鸳鸯言情体",并说"随着政治主张的趋于反动,他(指无名氏)的创作生命等于终止了"。这样的论断显然系建国后意识形态施加于无名氏不实之词的惯性延宕,实际上与无名氏的创作追求、审美风范和作品内蕴并无吻合之处。

　　稍后,黄修己在《中国现代文学发展史》(中国青年出版社,1988

年)中,把无名氏与徐订并举,将其作品在语言与描写方法上与徐订作了比较,结论却是无名氏的"作品倾向也更坏"。后来虽然在1997年的第2版中删除了这一说法,仍保留了"《北极风情画》、《塔里的女人》均可视为洋鸳鸯蝴蝶派的代表性的作品,且都用不同情节表现男性对女性的玩弄"的语句,并且把《无名书》的前三卷概括为"整套小说表现了一种没落感,让人觉得最为神圣的革命其实是污浊的,最美丽的爱情也不能持久地支持人的生活,人生是没有希望的"。

80年代末,严家炎在《中国现代小说流派史》(人民文学出版社,1989年)中把徐订、无名氏的小说囊括进"后期浪漫主义"名下。他在总结"后期浪漫主义"的特点之后指出:"在三四十年代现实主义主潮十分盛行的时候,后期浪漫派小说的出现,打破了艺术上的一统天下,开创了小说创作的一种新的境界,促进了小说领域的多样化局面的到来。"[3]尽管仍保留了诸多的批评限制:如认为《无名书》"浮词多而主观随意性大","在情节上仍有作者任意驱遣主人公的毛病",甚至"有些部分相当色情、低级",显得"粗俗"。但这一评价对无名氏的文学史贡献给予了比较实事求是地肯定,具有很大的学术开创性。

进入90年代,孔范今在主编《中国现代文学补遗书系·小说卷七》(明天出版社,1990年)时,选入了无名氏《无名书》的第二部《海艳》,文后附有郭德芳的评析文章《无名氏和他的〈海艳〉》,由此也拉开了90年代无名氏研究的序幕。郭文从无名氏其人、《无名书》、《海艳》和无名氏的现代派艺术四个方面作了介绍与评析,还对无名氏的诗歌、散文作了客观评价。郭文认为,无名氏通过小说创作,"专门在人生海洋里捕捉波浪",建立自己的艺术世界,以此蕴纳他对社会历史、现实生活、伦理道德及生命存在的感受与玄思。而《无名书》则是这一心愿的有力体现。郭文高度评价了这部奇书,称它"是一部独特的作品,是一部集艺术、哲学、宗教为一体的'大书'"。针对以往论者认为无名氏小说中的所谓"色情"描写,郭文不但为之进行了有力辩解,而且对无名氏作品中的有关描写表示了赞赏。他认为,古今中外,各类文学作品对于男女情爱的描写比比皆是,好坏优劣都存在,特别是赤裸裸的"性"描写更不容易掌握分寸,写不好,极容易流于污秽。而无名氏在这方面技高一筹,他用诗的语言、哲学的思辩与宗教的情绪,把男女的情爱高度诗化、哲学化与宗教化,把整个做爱过程表现得庄严隆重,展现出原始生命的狂野、舒张与欢乐。证之无名氏的作品,郭文的上述评价应该说是言之不虚的。请看下面这段文字:

> 一枝非常瑰丽的形体,从午夜深处升起,浮现于我四周。它以特有的胴体香味包围我,使我沉入一泓神妙境界。
>
> 可我更喜欢扭开灯,像一个画家,欣赏奥蕾利亚的形姿,在长长的、薄薄的粉红色睡衣内的,那些半圆与椭圆,弧线与直线,新月与落日,三角形与海湾型,圆锥体与提琴体。一个西方女人形体的优美线条,是那样生动,富有曲折性又如此充满大自然的弹力,对一个东方人说来,简直是极大的蛊惑。
>
> 我熄了灯。
>
> 这是一个真正的午夜。
>
> 一种神秘的节奏、韵律,像一曲奇妙的雅典竖琴演奏,从她的发、额、眼、鼻、嘴、颊、颈、肩、胸、臂、腿、胫——足尖,雨点样洒向我,使我感到极度豪华的沉醉。这种沉醉,达到最高潮时,我简直是在倾听19世纪浪漫派大师斐里辽斯的"幻想交响曲",一片极其魔魅的彩色旋律,正像他最后乐章的巨大钟声似地,无比深沉的,直敲到我的心灵底层。
>
> ——《北极风情画·十七》

显然,无名氏对性的描写大胆而绝不猥亵,既干净又极具唯美情调,这样的性描写文字可以认为是中国现代文学史上最具有艺术价值的文字之一,足可以与劳伦斯笔下的性爱美文相媲美。郭德芳从艺术的角度对无名氏的小说进行了总结:一是大胆创新,打破旧有的小说模式,在现代文学发展中显现出一种全新的审美意向;二是杰出的现代艺术性。同时也指出了无名氏的创作存在着明显的缺陷,如缺乏节制的情绪宣泄，造成了文字上的拖沓、空泛，以致影响了读者的接受。郭文的这种观点后来在 1996 年由陈晓明主编，甘肃人民出版社出版的"尘封之镜——现代十才子丛书"——《塔里的女人》的跋文中得到了进一步的发挥。

相比较而言，杨义对无名氏作品的解读和分析比较客观。他在《中国现代小说史》第 3 卷（人民文学出版社，1991 年）中以较大的篇幅对无名氏的《北极风情画》、《塔里的女人》及《无名书》的前三卷作了细致入微的剖析。杨义在描述到前两部小说时认为："无名氏的文笔比徐訏更为粗豪舒展，在徐訏展示西欧的柔情，晃动着若隐若显的梅里美的倩丽的影子之时，无名氏从抒写北国的强悍开始，呼唤着一个惨痛欲绝的灵魂，闪动着乍明乍暗的陀思妥耶夫斯基的悲戚的面容。它所展示的爱情画面和心灵世界是更为阴凄、骚扰，带有浓郁的走投无路的沉重感了。"他把《北极风情画》和《塔里的女人》归入了浪漫言情小说中的典型作品，认为无名氏是继徐訏之后的又一浪漫作家。然而在谈到《无名书》前三卷时，杨义认为："《无名书初稿》是 40 年代颇有分量的现代主义巨著，它宛若未加耘芟的丛莽把 30 年代上海现代派独辟蹊径的低吟浅唱，变得气象森然。它的现代主义手法运用得颇为浪费，却给人一种迅雷疾风的冲击力。"该书用了较长的篇幅进行分析，肯定了无名氏的创作在中国现代小说史上的地位，指出了无名氏的创作所独有的审美特点。如《无名书初稿》在一定程度上受到了卡夫卡和陀思妥耶夫斯基的影响。文笔风格"沉郁、凄厉而重浊"。[4]

但对于大陆读书界和学术界而言，90 年代堪称是无名氏全面浮出历史地表的时期。

1993 年，海天出版社重新出版了无名氏的《北极风情画》和《塔里的女人》，读书界的反响非常热烈，此书很快销售一空。继之，1995年花城出版社推出了"无名氏作品系列"，收录了《无名书》前两卷《野兽、野兽、野兽》、《海艳》，爱情自传小说《绿色的回声》，散文集《塔里·塔外·女人》，随想录《淡水鱼冥思》及爱情小说《北极风情画》和

《塔里的女人》等。这是建国后无名氏的作品第一次获得大规模的出版,在某种程度上也标志着无名氏从文学史研究的禁锢中得到了解放。与此同时,对无名氏的研究也获得了新的进展。孔范今主编的《20 世纪中国文学史》(山东文艺出版社,1997 年)认为:"创作于 40 年代后期的《无名书初稿》充满了更强劲的生命力,强调主体'自我'的生存意义和真正价值","在他为生命而艺术的主张下,生命追求与艺术追求协调一致,形成了无名氏的现代艺术风格"。

在某种意义上,1998 年对于无名氏是具有标志意义的,也可以说这一年是属于无名氏的。因为在世纪末的这一年里,诸多的文化学术目光聚焦到了无名氏身上,长期寂寞的无名氏在这一年里突然被文化界和学术界以极为醒目的形式隆重推出。这一切迟到的热闹对于无名氏老迈的生命来说尽管姗姗来迟,但想必也会让他在悲喜交加之余平添几分慰藉。

这一年,钱理群等人的《中国现代文学三十年》修订本由北京大学出版社出版,其内容较前发生了重大变化。该著对无名氏的文学史身份进行了重新确认,认为无名氏"集通俗、先锋于一身,两种写作前后并举,而本质上他是一个用文学来探索生命意义的纯文学作家"。对《北极风情画》和《塔里的女人》的评价已经由贬而褒:"无名氏究竟不是一般的通俗作家。他还是在这两个爱情悲剧中加进生命探索的意味,那便是将女性追求的彻底性、纯粹性,同男性追求的现实性、妥协性做比较,使两种生命形态发生冲撞。导致美的、执著的生命走向幻灭。于是,通俗故事显现出并不通俗的主旨。"对于《无名书》该书认为:"它作为一部'心史'的独创性已经具备","其中渗透的生命意识既有存在主义对个体生命孤独感的体验,也有儒家明知不可为而为地建立新信仰的努力,全书比较复杂。写法上强调纯主观的个人感觉,又采取浪漫情感自由无羁的喷发形式,大段大段的心理独白、情绪宣泄、氛围描写与部分现实场景混合在一起,造成一种介于诗体小说、散文小说、哲理小说之间的文体。并非成熟,有些地方甚至过于铺陈冗长,但又确实在中国提供了情节弱化小说的唯一的长篇巨制。"[5]

在这一年,《无名氏传奇》(汪应果、赵江滨著,上海文艺出版社1998年10月)和《神秘的无名氏》(李伟著,上海书店出版社1998年8月)两书接连出版,将无名氏研究推向了高潮。

《无名氏传奇》注重文献的采择和纵横的比较,评传结合,认为无名氏对中国文学的贡献表现在:(1)他是20世纪中国文学史上很有思想的作家之一,他的作品为中华文化的发展提供了宝贵的思想财富。(2)他为中国现代文学提供了一部人类心灵探索的史诗性作品,塑造了一个浮士德式的人物——印蒂,从而为中国现代文学史提供了一个崭新的主题和人物形象。(3)无名氏是我国现代派小说的开创者之一,也是在这方面取得成就较大的作家之一。该书对无名氏曲折坎坷的一生及爱国主义思想作了阐述和肯定,对无名氏在创作方面的艺术创新和探索作了具体分析。它不仅对《无名书》的前三部作了深入的探讨,而且对后三部半(即《金色的蛇夜》续集、《死的岩层》、《开花在星云以外》和《创世纪大菩提》)作了详细剖析。有评论认为,这是目前见到的惟一的一部全面介绍和分析《无名书》的无名氏学术评传,尤其是对《无名书》后三部半的分析,填补了中国当代无名氏研究的一个空白,也是迄今为止的最有权威性的无名氏研究著作。该书高度评价了《无名书》,认为它是一部思想深邃、艺术创新的巨著。[6]

《神秘的无名氏》严格按照无名氏人生发展的自然线索序列,从他"人之初"的"生命之源"扬州写起,到备极晚荣的1997年八十寿辰的庆典结束(《不是尾声》),完整地勾勒出无名氏一生的传奇生涯。在写作手法上,则是采访和纪实结合,剖析和观感交融,遣词用句通俗活泼,贴近读者,让读者在人物、情景和时空的多维融合中,深刻地理解无名氏的生活及其时代。

在这一年,《当代作家评论》发表了陈思和的《试论〈无名书〉》和汪凌的《文坛的独步舞——无名氏论》等论述无名氏及其作品的论文。特别是前者,对《无名书》从一种新的角度进行审视,并进一步探讨了这部奇书在中国 20 世纪文学史上的艺术独创性。他将《无名书》与夏多勃里昂的《阿达拉》和歌德的《浮士德》比较，认为这是一部超乎寻常的奇书，无名氏摆脱了启蒙的叙事立场，所以他（指无名氏）超越现实层面以后直接进入了抽象的文化层面，毫无顾忌地以融合东西方文化的实验作为描写对象。陈思和认为中国 20 世纪的文学不乏描写知识分子精神探索的优秀创作，但主要集中在政治层面，多以现实政治理想为人生意义的终结，但政治理想在无名氏的精神文化结构里不过是最低层次的探索。而《无名书》远在一般以启蒙为宗旨的探索之上，这是一部反映现代中国知识分子精神历程的长河小说，在中国文学史上是别具一格的探索。他还从文体、语言、美学情致、心理分析及潜在创作的背景、原因、特点等方面对《无名书》作了深入的探讨。[7]

同样在这一年，朱寿桐主编的《中国现代主义文学史》（江苏教育出版社，1998 年 5 月）为无名氏设立了专章，专门探讨无名氏对中国现代主义文学的重要贡献。该著表示，在中国现代主义文学发展的历程上，无名氏对 40 年代现代主义小说的贡献是无人所能代替。该书对无名氏作品中存在主义的内容和现代主义的艺术手法等方面进行了考察，认为无名氏的作品比徐讦的作品更具有现代主义的气韵，也更具有现代主义的话语价值，断言无名氏在中国现代主义文学史中的地位是不可动摇的。[8]

作为一部比较权威、影响较大的现代文学史教材，《中国现代文学三十年》（修订本）对无名氏及其作品的重新评价具有很大的学术示范性，无名氏开始被以严肃的文学创造者的姿态扫描进多种新编现代文学史的字里行间——如凌宇等人主编的《中国现代文学史》（修订本，湖南师范大学出版社，1999 年 6 月），王嘉良等人主编的《中国现当代文学史》（上海教育出版社，2004 年 8 月）——都在有关章节对无名氏及其作品进行了重新评介。

跨入新世纪，应该说，无名氏的身影已经重回中国现当代文学史的行列。然而，这似乎仅仅意味着开始，而远远不是结束。由于无名氏生平和艺术创作的复杂性,思想的深刻与芜杂色彩,同时也囿于无名氏生平、思想和文学创作资料的严重匮乏,因此,关于无名氏艺术创作和芜杂思想的内在脉络仍处于雾里看花的朦胧状态——如学术界对其创作性质是浪漫主义还是现代主义的争论就是一个鲜明的例证,而对无名氏思想的认识更近乎是一个学术空白。近年读书界和出版界出现的"无名氏热",在很大程度上是对无名氏"神秘"特点进行商业炒作的延续,而与真正的无名氏学术研究无涉。由此可见,对无名氏全部思想和文化面貌的认识还有待进一步的认真研究。

有鉴于此,作无名氏研究。

注 释

[1] 司马长风:《中国新文学史》(下卷),香港昭明出版社有限公司,1978 年,第106 页。

[2] 无名氏:《年谱》,未刊。

[3] 严家炎:《中国现代小说流派史》,人民文学出版社,1989 年,第 319 页。

[4] 杨义:《中国现代小说史》(第 3 卷),人民文学出版社,1991 年,第 501～511 页。

[5] 钱理群等:《中国现代文学三十年》(修订本),北京大学出版社,1998 年,第520 页。

[6] 秋禾:《"好事尽从难处得"——〈无名氏传奇〉和〈神秘的无名氏〉较读》,《博览群书》1999 年 2 月。

[7] 参阅陈思和:《试论无名氏的〈无名书〉》,见《中国当代文学关键词十讲》,复旦大学出版社,2002 年。

[8] 朱寿桐主编:《中国现代主义文学史》(下卷),江苏人民出版社,1998 年,第667 页。

第一章　从叛逆到创造:无名氏生平与创作探赜

一、狷介的叛逆者(1917—1934)

无名氏原籍江苏扬州,1917年1月1日出生于南京下关一个小康的中医家庭。原名卜宝南,小名卜宁,后改名卜乃夫。卜乃夫原本兄弟六人,他排行第四。大哥、三哥和五弟先后夭折,存世的二、四、六兄弟仍依旧排列。二哥卜宝源,六弟卜宝椿,后分别改名卜少夫、卜幼夫。

幼年的卜乃夫即显示出一些偏犟的个性,比如说挨打和摔跤,不论多痛,很少哭叫。五岁的时候,他开始跟下关的一位吴姓私塾开蒙。一年以后,其父不幸罹病辞世。这对幼小的卜乃夫来说是一个心灵的重创,他过早地失去了父爱的抚慰,卜乃夫后来独立特行的个性与此似有联系。随后,他被送到扬州北郊黄珏桥外婆家。在这里,他进黄珏桥小学读书。该校校长焦典是清朝大儒焦循的曾孙,为南京师范学校毕业,教学颇开明,思想也较开放。但他的做法常常受到小镇上守旧乡人的抨击,终于因小小的"足球事件"被排挤走。但他对卜乃夫的教育和影响却终其一生,这一事件后来还被无名氏作为素材写进了短篇《逝影》中。外婆身边的时光,无名氏是在没有任何管束的情况下度过的,闲散、任性而自由。

十岁时,他重返南京,就读于下关龙江桥小学,继而转读南京国立东南大学实验小学,即国立中央大学实验小学的前身。开始插入四年级,他的作文深得任课老师的赏识,曾推荐他的作文投稿中华书局出版的《小朋友》杂志,两度被刊用。如果要追溯的话,这应该是他的文学生活得到的第一次激励。老师认为这个学生的文化程度已超过四年级的水平,便将其编入五年级。半年后他又跳级,被编入六年级下学期。因而,在中央大学实验小学无名氏连跳三级,仅念了一年半就毕业了。尽管时间很短,但他自认"对我以后成长有很大影响的,却是 11~12 岁在南京中央大学实验小学的一年半的小学教育。这个学校不只是南京第一,即使在全中国,也名列前茅,因为它是完全按照美国哲学家杜威的教育理想办学的"。[1]这所小学完全是按美国模式所创办,师资是一流的,教学方法是科学的,很注重全面教育,德、智、体、美、劳,要求都很高。他认为,"我在此小学里学到了:做人要有礼貌,要做正派人,要用功,要尊重别人,要爱国……总之,此一小学一年半,是我平生唯一享受到优良的教育,也打下做人做事的最初的好基础。"[2]然而中考的落第却使他第一次尝到了人生挫败的滋味。以后他不得意地辗转流落于一些二流中学。但他的自尊与环境很不谐调,从而表现出了一些孤傲清高的性格特征。

1930 年夏至 1931 年夏,他辍学一年。此时他二哥卜少夫沉溺于文学中,买了几百本文学书籍,无名氏乘此机会阅读了大量文学作品。他对左翼作家创作的革命文学作品——如蒋光慈的《鸭绿江上》——表现了浓厚的兴趣。

1931 年秋,他考入南京私立乐育中学,就读初中三年级上学期。1933 年春,他原应就读乐育中学高一下学期,但他显然对这所学校不满意,私自刻了一枚"哈尔滨市滨江中学"的校章,又假造了高二的转学证明,考入南京三民中学,进入高二下学期。

卜乃夫在三民中学的一年半生活,是他一生中接受正规教育的最后岁月,也是他踏上文学生涯的准备时期。入学后,他就和几个同学办壁报、写文章,由于青春期具有天然的反抗精神,加上左翼文学的影响,他写出来的文字也大多具有歌颂工农、反抗现实的性质。这时期,他还发表了下列一些文章:《SOS》,这是一篇万字小说,登载在《三民校刊》上,内容是写"九·一八事变"发生后,一群东北青年奋起投入抗战的故事;短篇小说《怪物》是以该校的国文老师为原型写成的,作品通过对其思想僵化、迂腐,行为古板的描写,讽刺了教育界的悖时人物,并直接批判了当时陈旧的教育制度。这篇小说是在国文老师殷作桢的鼓励下写出来的。相对来说,这篇作品是卜乃夫早期文学准备中显得饶有思想深度的篇幅。它被刊载在南京《文化战线》上,并产生了一定的影响。另外,这一阶段他还写了暴露性散文《学校生活一页》,发表在影响颇大的《新民报》副刊上。该文对学校生活的抨击与批判,成为无名氏后来思想的先导。

从卜乃夫的这些早期文字中,我们可以看到他日后人生与思想的一些特点,即强烈的对社会现实和周围环境的叛逆和批判立场。与此同时,他也树立起了朴素的文学观念:"从这时起,我的初步创作观念即已完成,即:绝不用上海《礼拜六》那一派陈旧文字写小说,我务必排斥陈套滥调、半文半白,我得用活泼的口语。"[3]此时他表现出了强烈的倔强个性,干什么都要求干得最好,一旦下决心就把事情做到底。他的写作训练也多少受着这种个性的支配,直到全校公认他在"新文学"方面是个权威,才使他的虚荣心获得满足。

1934年,国民政府教育部第一次公布了中学联考制度及其相应的规定。这对私立学校来说很不公平。无名氏被激怒了,他拒绝联考,愤而辍学。放弃了再有两个月就可到手的中学文凭,而且决定从此跟任何文凭都永远告别。他发誓:"我要凭苦斗为自己创造一个前程。"[4]

当然,无名氏的叛逆举动还有两个原因:其一是,当时所读的那些马克思主义书籍的影响,李季的三巨册《马克思传》对他的影响尤其巨大,马克思敢于独自面对整个资本主义世界的伟大人格鼓舞着他,使他产生反抗社会现实的巨大勇气;其二是,他受青春期鼓动的初恋受挫,这对他的内敛而自负的个性是一个沉重的打击。日后他在作品中藉主人公的口总结说:离家出走的原因,"主要是爱情,形式却是三本马克思传,……在我们当时的年龄,爱情烧到不合理的社会制度。结果,我想冲破一切,而原先本不是敌人的,也变成敌人。青春太容易有制造敌人的权利和方便了。"[5]

于是,1934 年 4 月 1 日,一个细雨黄昏,无名氏独自一人,弃学离家,出走北京,开始了不同寻常的肉体和精神流浪生涯。

二、孤独的奋斗者(1934～1945)

离家出走的决断对于无名氏来说,是个重大的人生事件,以后的思想和创作中他以不同的方式追溯和反思这一事件,并把它"写照"性地镶嵌进了自己的创作中,赋予了它重要的生命自觉意义。[6]概括地说,拒绝联考是无名氏出走的一个外在机缘,而过早地叩响"存在"的意义则是他出走的强大内驱力。同时也掺杂着个性的独立特行和青春期骚动心理等复杂因素。一个心理和个性的狂狷者终于在十七岁的时候演变成了一个锋芒毕露的人生和社会的叛逆者。

无名氏的出奔北京,既带有对新文化的憧憬,又带有人生冒险的赌博性质。这种不顾一切的人生选择,为自己的人生增加了不可测的迷茫因素。但另一方面,此种完全个性化的对自我生命负责的倾向,也体现了中国进入本世纪后才出现的具有强烈现代意识的崭新的人生态度。

在北平,北京图书馆是他此行的重要目标。他似乎天生是个书本主义者,他的思想发展不像沈从文那样主要得自丰富的人生阅历,他的思想主要受惠于书本。他坦言:"我愿意拜生活做老师,但我更崇拜书本子。"

人们曾传说,无名氏考取北大而不入。[7]但这是讹传。自从离家出走的那一刻起,无名氏就彻底唾弃了文凭。北京的时光,他贪婪地博览群书。据他自己手书《年谱》所言,马克思的著作和介绍马克思主义的著作,他就阅读了三百余部。以他的气质、年龄和所处的时代看,马克思的共产主义学说对他显然具有巨大的吸引力,——"这个犹太大胡子告诉我,在某种泥土上开某种花;假如人希望开别种花,必须先改造泥土。"

作为一个自学者,他的阅读不会太系统并具有不可避免的出于兴趣的选择性，但从他后来的思想和创作中披露的内容看，他的文化视野基本覆盖了西方自古希腊以降许多重要的思想家和文艺家的著作，诸如柏拉图、康德、马克思、尼采、斯宾诺莎、但丁、歌德、傅立叶、欧文、莎士比亚、托尔斯泰、陀思妥耶夫斯基、海德格尔、罗曼·罗兰、莫泊桑、雨果、狄更斯、法郎士、小仲马等人的思想和作品，他表现得非常熟稔。而法国大革命史和西方近代的乌托邦思想，他对之更表现了精湛的了解和认识。

北平的二十个月中，他先后阅读浏览了中外各类书籍达一千余册，几达每天两册的程度。图书馆消耗了他大部分时光，间或，他也到北京大学旁听新文化的名流们——如胡适、周作人、李达、叶公超等人——的课。

北平时期，他骨子里开始形成了一种对形而上探索的热情。他自认："生活里，我那时所拜的老师是斯宾诺莎，我只赚最低生活所必须的钱。我拿我的生命一小部分去兑换这点实物，而拿大部分去兑换一些远较抽象的东西。"[8]

除了读书、听课，他的另外一项重要活动是文学练笔。到北平不久，他就在天津《大公报·小公园》副刊发表《六月》等四个短篇，署名高尔础。继而又在该刊发表万余字的小说《火的怒吼》，颇受副主编赵惜梦的赞许。此外，他在《北平新报》上登过一些杂文，在《华北日报》副刊上发表了一些散文。

近两年的北平自学，极大地丰富了无名氏的思想，奠定了他此后的人生走向及文学创作的基础。广泛而驳杂的阅读激起了他在一系列的人生和社会问题上的思考。

1936年初，在家庭断绝经济支持的胁迫下，无名氏拖着疲惫的身体同时也装载着沉甸甸的精神收获返回南京，但仍不废读书和写作。

现在，他的文字功夫已明显长进。1936年他在上海《汗血周刊》发表了小品《赶车人》，他自认该文是"我第一篇文字洗练、达到一定水平的文章。后来《无名氏全书》中的散文集《薤露》中，收《崩颓》，写尼采濒于疯狂的一幕,是次年所写。这是我全集中最早期——可算第一篇像样的创作。实际上,首篇较像样的创作能编入全集者应是《赶车人》,可惜后来散佚了,从此时起,我的文字进入了正常轨道,不再像以前模仿其他名作家(如张天翼)的风格了。"[9]文学史家也认为:"收在《火烧的都门》中最早的一个短篇《崩颓》写于1937年,文体即与《无名书稿》相类。"[10]因此,从无名氏的文学创作风格的形成过程来看,《崩颓》堪称是他文学创作的真正开端。

体验尼采的神智崩溃,不会是一件让人轻松的事,执拗地以此作为小说的题材,无疑表明了无名氏性情的某种偏嗜。把自己的文学创作的开端赠予这个题材,在两个方面似乎都具有象征意义:在思想上,尼采的思想对无名氏浸染甚深;而在个人风格上,尼采的精神风范与无名氏亦有相投之处。这样,在无名氏扬起文学风帆的时候,尼采便与他风雨同行了。清高、孤绝、狂狷:这既是尼采生命的特征,一定程度上也属于无名氏的性格特点。

抗战爆发后,无名氏辗转由武汉来到重庆,先后为香港《立报》、《国民日报》、《星报》等撰稿,后被聘为《立报》驻重庆特派员兼办事处主任。1939年秋,国民党中央图书杂志审查委员会正式聘他为服务员,后升任干事。

这时,他的文学作品开始受到文坛的注意,一向吝啬的批评之语也开始关注到他的文字。抗战初期,靳以主编重庆《国民公报》副刊《文群》,一向以"认稿不认人"著称文化界。从1939年冬到1940年,《文群》相继刊载了无名氏的短篇小说《古城篇》、《日尔曼的忧郁》,以及一些散文。曾有人问靳以,文坛新人中谁最有希望?他毫不犹豫地推举了"卜宁"(卜乃夫当时的笔名)。他还对人说:"北大真能出文人,前几年出了何其芳、卞之琳,现在又出了卜宁。"推重之情溢于言表。无名氏的"北大身份"实际上就是由此传播开去的。

后来他又在《扫荡报》谋职。然而这一短暂的经历连同稍前在国民党中央图书审查委员会任职的经历后来却成了他建国后备受冷遇的重要原因。

1941 年 8 月底,无名氏与韩国流亡政府光复军参谋长李范奭相识,李的职业军人加强烈民族主义者的气质,第一眼就打动了无名氏。从此,两人过从甚密,并曾一度共居一室。李的丰富经历和浪漫传奇成了无名氏创作的重要素材来源。蜚声文坛的《北极风情画》和《露西亚之恋》、《骑士的哀怨》的情节基本采自李范奭的生活,《无名书》系列长篇中的贯穿人物韩慕韩即是以李的真实生活为原型加工提炼的。

1942 年初夏,韩国临时政府光复军总司令部成立。原为光复军参谋长的李范奭担任少将高参。卜乃夫在光复军总司令部滞留了闲散而无着落的五个月。在此,他投入了《荒漠里的人》的写作。这是一个未完成的长篇的片断,曾在贵阳《中央日报》副刊上连载过。另外,他还写作了短篇《露西亚之恋》,后来和《古城篇》、《日尔曼的忧郁》、《鞭尸》、《骑士的哀怨》结集出版。它们构成了无名氏文学创作的早期雏形。飘忽的感觉片断是这些作品的总体特色,题材还游走在书中的历史碎屑和个人生活的狭隘侧面,但应该说它们展现了无名氏文体的基本特色:激情狂放,辞彩绚烂,语言雕琢,有一种榨取生命内在感觉的刻意追求。9 月,韩国光复军驻西安二支队内部发生枪杀事件,李范奭被委派处理该事,并被委任为光复军驻西安二支队队长。无名氏应邀随同前往。

初抵西安后,他过着类似客卿的生活,偶尔为二支队做做宣传工作。他还兼差贵阳《中央日报》与重庆《新蜀报》驻西北特约记者。

1943 年底,西安《华北新闻》总编赵荫华找上门来,邀约无名氏为该报写长篇连载小说。这个约请催生了《北极风情画》的诞生。

从 11 月 9 日到 29 日,短短二十天里,无名氏被卷入情感罗曼司的巨大旋涡,以每天七千多字的速度挥写着男欢女爱的爱情纠葛,以《北极艳遇》为名在《华北新闻》上连载,一时轰动了大西北。一曲北国艳情,倾倒了无数少男少女,出现了"满城争说无名氏"的盛况。该书后来以《北极风情画》为名出版了单行本。次年 6 月,无名氏又以友人周善同的故事为原型创作了另一部以爱情为题材的小说《塔里的女人》,出版后同样大受欢迎,盛况竟然超过《北极风情画》。"两书一两年内全国各地翻版达 23 种,三四年内各种合计印行 100 版以上。"[11]

如果说,无名氏在后来的寂寞岁月中还会被人想起、提起,《北极风情画》和《塔里的女人》起到了不可估量的作用。在中国现代小说史上,这两本书无疑进入了罕见的畅销书和长销书之列。此后的五十多年里,两书各销百万册以上,共达五百余版。1990 年台湾中国电视公司播出《塔里的女人》电视连续剧时,此书又在台湾销行数万册。

大陆建国后,无名氏的书基本成了禁书,但地下传阅、手抄仍时有发生,文革时更达到了相当的规模。两书真正成了文革"地下文学"的重要内容,由此也顽强地延伸着无名氏的艺术生命。[12]两部言情小说的成功,使得无名氏与徐讦一起,成为中国现代文学史上"后期现代派"的重镇。

这两部小说具有明显的通俗小说的外套:先设计一个盘曲诱人的开头,展现一个简单的悬念,最后抖落一个男女恋情的热烈但最后又趋向悲剧的令人唏嘘不已的故事。无名氏的哥哥卜少夫说,无名氏创作这两部小说,"立意用一种新的媚俗手法来夺取广大的读者,向一些自命为拥有广大读者的成名文艺作家挑战。"[13]无名氏也自谦地认为是"习作"。

尽管评论界和作者自己都对这两部言情的优秀作品作了低调的处理,但它们的言情魅力能够经过半个世纪而不衰减,这说明它的品格显然不是像肥皂剧那样轻浮短命。

《塔里的女人》和《北极风情画》虽曰"言情",但与一般的俗文学的言情有明显的区别:其一,俗文学的"言情"仅迎合和满足读者的官能的下意识情感为目的,用英国著名美学家科林伍德的话说,是"唤起情感";而雅文学的"言情"是以作者的真诚的体验表现真诚的情感,用科林伍德的话说,是"表现情感"。两者的区别在于:"一个唤起情感的人,在着手感动观众的方式中,他本人并不必然被感动,……

与此相反，一个表现情感的人以同一种方式对待自己和观众，他使自己的情感对观众显得清晰，而那也正是他对自己所做的事。"[14] 而无名氏的两部"言情"小说无疑属于后者。其二，俗文学的目的效果指向娱乐性和消遣性，雅文学的目的效果指向人生的严肃性。这里，无名氏的两部小说再次属于后者。比如，林上校和奥蕾利亚的异国之恋因为政治的原因而受到残酷的肢解时，个人的渺小和无能为力显得那么的无奈，个体虽不能挽回理应获得的情感满足，但也绝不束手面对绝望。两人倾尽全部心力地挥霍着最后的三天，就像一场壮烈的祭天仪式。仪式结束，一切意义便告结束，剩下来的是血淋淋的牺牲。这无疑是让人不忍目睹并长久为之震颤不已的。在两部言情小说中，我们所遭遇的是心灵的惨烈轨迹，情感的压抑不住的狂放状态，主人公们的生命热情、生活欲望得到了浓缩的喷发。这里当然不乏作者的艺术渲染，但显然是对生命情感形式的精细描摹。

此外，文学、历史、音乐，组成了两部小说浓厚的文化氛围，成为涵泳主人公们的精神滋养体。他（她）们都有着高于普通人的良好教养，谈吐高雅。他们一般有着优越的社会身份，是大场合交际圈中的常客，却非情感的游戏者。他（她）们的情感发展有着戏剧性的偶发机缘，但却有着"第一推动力"的必然逻辑。即使在今天，对两部小说性质的文学史评价仍然陷于矛盾中，也许这正是两部小说的奇特之处。[15] 诚如作者自己剖析的那样："'五四'新文化运动引进了西方个人主义与自由恋爱，中国传统的封建宗法婚姻模式乃受到巨大冲击。在冲击浪潮中，从本世纪 20 年代到 30 年代，涌现了中国现代社会的青年爱情悲剧，数量之多，几如江鲫。但能取材写成小说，使万千青年挥泪，甚至同声一哭的，却少如凤毛。关键不在题材内容或故事情节，而在艺术手法，与表现技巧，是否能更深刻的挖掘悲剧主角的灵魂深度、情感深度、爱的境界。自从《红楼梦》的黛玉之死博得无数眼泪后，《塔里的女人》所以继而也能令万千青年流泪，甚至大声哭泣，主要不仅是由于故事真实，结构布局完整，更由于主角的灵魂深度、情感深度，与爱情境界，以及我个人艺术态度。"[16]

　　无名氏对言情题材的成功处理,不但突破了通俗小说的领域,同时还突破了中国现代小说潜隐的"感时忧国"的创作基调。[17]用谢冕的话来说就是,"忧患是近代文学的主题。忧患后来成了传统,也成了现代文学的主题。忧患是中国近代文学、近代文艺、以至近代文化驱之不去的幽灵。""中国文学的忧患,在近代这一特定的时空,是真真确确的内'忧'和外'患'的激发和合成,它的社会性远远地超越了个人性。质言之,是中国的'社会病'造成的中国的'文学病'。"[18]但也应该看到,将社会的忧患无限地施加于文学创作中,使文学的丰富的表现视域和人文关怀极度地萎缩和狭隘化,造成现代文学创作缺少具有世界性意义和更具普遍人性内容的扛鼎之作。其实,对社会的政治态度和对人生的艺术态度是不同的两个范畴。政治态度更具现实功利性,而艺术态度更具人生超越性;政治态度常常顾及社会群体,而艺术态度往往指涉生命个体;政治态度关心人的外在生活,艺术态度偏重人的精神生活。无名氏两部"言情"主题的严肃小说,显然是对上述新文学传统的反拨和突破,它以浓烈艳丽的笔致突进了人的灵魂和情感的深层内核。

　　在此一阶段,可以考稽的问题是:有一种传播得很广的说法,声称无名氏抗战期间隐遁于华山一年,与高僧谈佛论道。[19]无名氏在《无名书》第五卷《开花在星云以外》也谈的是主人公印蒂在华山之巅参禅悟道之事。华山似乎与无名氏是有些缘分的。但此说并不确切。考察无名氏在西安的行踪,他是在 1942 年 9 月去西安的,1944年底返回重庆,在西北的全部时间约两年多一点,用他自己的话说,是"八百个日日夜夜"。始达西安,各种事务繁忙,他除了要在韩国光复军二支队干些宣传联络工作外,还兼差《新蜀报》、《中央日报》的特约记者,业余还要从事文学创作,为了谋生他几乎在超负荷地工作。另外,他的生活用度也很紧张,根本没有财力兑现奢侈的山中隐居生活。他自己只提及在 1943 年年中曾造访过一次华山,这是他唯一的一次造访华山,但也不过"享受了几个伟大的月夜"。[20]这一年的晚些时候,他开始构思和写作《北极风情画》了。1943 年底到 1944 年上半年,他和中俄混血儿妲尼娅的爱情纠葛,耗去了他大部分精力。1944 年中,他又沉浸于另一部中篇《塔里的女人》的写作。这一年的下半年,他与妲尼娅的关系又经历了几次反复,最终倦于这场有些残酷的感情"游戏",遂于年底南去重庆。从这样一个简略的时间表看,无名氏蛰居华山一年的说法是经不住推敲的讹传。

《塔里的女人》和《北极风情画》为无名氏立足文坛奠定了地位,但无名氏矜持地表示,这不过是他的"习作"。这既是狷者的自谦,但也不能说没有道理。因为和他早就酝酿构画于胸的《无名书》的宏大的文学乃至文化企图相比,上述两书的分量当然是不可相提并论的。

《无名书》似乎对无名氏具有特别的意义。未见其书,先闻其声,便显出不同凡响。尽管他为与妲尼娅的恋情耿耿于怀,但最终,"在坚定的二百六十万字'无名书稿'与变化莫测的妲尼娅之间,我只能选择一样。我选择了前者。即使在一个更富诱惑性的时辰,我仍未改变这个决定。"[21]他还表示:"我准备写的一本大书,其整个姿态,就是舞蹈与建筑的化身。它具舞蹈的流动性与凝定性;在某种程度,又有建筑的坚硬性、浮雕性、沉着性。在舞蹈的开展中,生命乃显示河流,平静的与骚动的波浪:光影、明暗、错综、凸凹"。[22]——但这个宏大的文学创造却是在寂寞的历史夹缝中行进的。

三、寂寞的创造者(1946—1960)

1945 年 11 月下旬,无名氏随抗战胜利后返乡的人流,顺流而下,来到了上海。先是筹备出版《塔里的女人》和《北极风情画》,闲暇之时则与西安时期的旧友相往还。

1946 年 4 月 13 日,他孤身前往杭州,赁寓五圣堂 9 号慧心庵。一个年轻的单身男子选择一个女人修身的地方为存身之所,大约也只有无名氏的孤绝性格所能为。无名氏于此息交绝游,专心笔耕。往往自旦徂夕,握笔不止,晚上还青灯苦读。《无名书》经过长时间的酝酿,终于在慧心庵的怪异气氛中化为汩汩流淌的文字。

　　经过前后二十个月的辛勤笔耕,无名氏于此完成了《无名书》前两卷共约七十万字的创作。两本书共花费了一百多只钢笔尖和七瓶派克墨水。其第一卷《野兽、野兽、野兽》,于 1946 年 12 月由上海时代出版社出版。1947 年 9 月,《海艳》上册在上海问世。翌年 3 月,《海艳》下册完成。两册均由上海真善美出版公司出版。

　　这一期间他与著名画家林风眠及林的学生、著名画家赵无极过从甚密,谈艺论道是他们共同感兴趣的话题。无名氏内行的艺术见解无疑同这些交往关系密切。两人都被无名氏摄入《无名书》的创作中,成为主人公印蒂的人生同盟者。

　　1948 年 1 月上旬,赵无极夫妇去法国留学,无名氏从慧心庵迁入赵宅,就此告别了寓居二十个月的慧心庵。在此期间,他在上海还出版了散文集《火烧的都门》、小说《一百万年以前》、哲理随笔《沉思试验》,以及短篇集《露西亚之恋》等。

　　无名氏的散文有很高的成就,他的散文文字简练、流畅、粗犷,情感充沛,有质感,风格卓具。就像他的个性一样,他的散文也无拘无束。"他不遵守任何规格,要怎么写就怎么写;他也不理睬任何教条,要说什么就说什么。……不但彩色鲜明,甚至连气味都可闻到,这真是难以抗拒的魅力。"[23]

　　写完《海艳》后,他又投入《无名书》第三卷《金色的蛇夜》上部的创作,该部完成于 1949 年 2 月。7 月,无名氏携《金色的蛇夜》上部赴沪,不久出版。8 月,他又投入《金色的蛇夜》续集的创作中。整个看来,《金色的蛇夜》是在时代之交的急剧动荡形势下写就的。但它内蕴的情思显然高居于现实政治之上,犹如一个理性的化石,只能呈现给后来的文化考古者去解读。

　　建国初期,无名氏曾希望进文联从事专业创作。以笔谋生是他多年的生活方式,当时的浙江文联曾派李朴园邀请过无名氏,但他的肺病一时妨碍了他接受邀请,以后便也没有了下文。但以无名氏的性格、思想和文学追求来衡量,他也不会不认识到自己的文化和创作思想与新社会的主流意识形态存在的距离。他以前的创作就与主流文坛吹奏着不和谐的声音，这种情况随着 50 年代的到来，显然愈来愈和新的时代潮流呈现着内在的紧张关系。无名氏的写作活动作为一种营生，已然此路不通。不论是无名氏的年龄，还是经历以及所遭遇的时代，都使他心存憧憬的气质不得不向现实妥协。在老母亲的授意下，他向寄养在他家的义妹卜宝珠求婚，获允后结为夫妻。无名氏边缘的生存姿态尽管相当寂寞，但无形中也使得他躲过了"胡风事件"的可能侵扰。

即使如此，《无名书》仍然是他不甘舍弃的生命抱负，在给他寓居香港的哥哥卜少夫的信中，他表示："我自信，只要我能将此巨书写完，将来在中国文学界的领导地位是无问题的。"[24]这种文化抱负是让人感动的，但边缘人的信誓旦旦，对于政治意识形态构成的社会主潮来说，不能不让人感受到怪异的梦呓味道。永恒的文化事业于此不得不接受时代的冷遇。

但一件意外的政治事件却让无名氏真正提起了搁置已久的笔。

1956 年春天，中共中央政治局扩大会议在讨论毛泽东《论十大关系》的报告时，陆定一、陈伯达提出了在科学和文艺事业上应实施将政治问题和学术、技术性质的问题分开的方针，在建议中有"百花齐放"、"百家争鸣"的提法，并得到了毛泽东的肯定。同年 5 月 2 日的最高国务会议上，毛泽东正式将这一方针公开，宣布"在艺术方面百花齐放的方针，在学术方面的百家争鸣的方针，是必要的"，"在中华人民共和国宪法范围之内，各种学术思想，正确的、错误的，让他们去说，不去干涉他们"。5 月 26 日，在中共中央召开的由北京知名科学家、文学家、艺术家参加的会议上，中宣部部长陆定一作了题为《百花齐放，百家争鸣》的报告，代表中共中央对这一方针作了权威性的阐述，指出"百花齐放，百家争鸣"的方针，"是提倡在文学艺术工作和科学研究工作中有独立思考的自由，有辩论的自由，有创作和批判的自由，有发表自己意见、坚持自己意见和保留自己意见的自由"，同时说明了这一方针的实施界限和范围，"是人民内部的自由"，"这是一条政治界线：政治上必须分清敌我"。陆定一的报告标志了"双百方针"的正式实施。

"双百方针"的提出,有着深刻的国内国际背景。从国内来看,在1955年下半年发生的对"胡风反革命集团"的斗争和在全国范围内开展的"肃清反革命"的运动所造成的阶级斗争的紧张气氛,随着农业合作化"高潮"和对城市工商业的社会主义改造的"胜利"而得到相当程度的缓解,这使最高决策者对政治形势的估计也有了变化,毛泽东作出了大规模的阶级斗争已基本结束的论断,要求把全党和全国工作的重点转移到经济建设上来。这样,发掘和动员社会建设资源,"努力把党内党外、国内国外的一切积极因素,直接的、间接的积极因素,全部调动起来",成为当务之急,其中知识分子的积极性自然是至关重要的。在知识分子中间,1955年的"胡风反革命集团案"的以政治斗争替代思想和学术论争并演变成一场波及广泛的政治悲剧的心理阴影还没有消散,在这种情况下,1956年1月,中共中央召开了知识分子问题会议,周恩来总理在会上所作的《关于知识分子问题的报告》,提出了改善知识分子工作条件,包括物质生活条件和精神环境的条件的重要许诺,承认知识分子经过参加社会活动、政治斗争、经过新中国成立以来的思想改造,他们的绝大部分"已经是工人阶级的一部分",因而是可以信赖和依靠的对象。

从国际形势来看,50年代中期苏联和东欧发生了一系列重大政治事件,这成为"双百方针"政策产生的重要境外背景。特别是1956年2月苏共第二十次代表大会的召开,赫鲁晓夫反斯大林的秘密报告在世界范围内引起了巨大的震动。随之而来的匈牙利、波兰等社会主义国家所发生的群众性事件,进一步从正反两个方面推动中国决策者们加强了原来就已存在的冲破苏联模式的立场,加快了寻找中国式道路的探索。从而逐步形成了反对教条主义的思想束缚,以自由讨论和独立思考来繁荣科学和文化事业,用批评和自我批评的办法来处理"人民内部矛盾",以避免这种矛盾因处理不当而发展到对抗性地步的思路。具体到文学艺术领域,苏联文艺政策的调整和文艺思潮的变动对中国也产生了影响。斯大林时代结束后,"解冻文学"思潮随之兴起,一批在 30 年代以来受到迫害的作家被"平反"和恢复名誉,尤其是 1954 年召开的苏联第二次作家代表大会对文艺的行政命令、官僚主义,文学创作的模式化和"虚假"作风的质疑,显示了苏联文坛的一种企图"复活"俄苏近现代文学传统的努力,这也激发了中国作家对"五四"新文学的启蒙主义传统的重新认识,它与国内政治形势的社会变化一起,共同构成了"双百方针"提出期间中国文坛的一个重要的思想和文化背景。

"双百方针"的提出,体现了在人民共和国新体制下、在特殊的国际和国内背景下,国家最高决策者对社会主义文化政策的一种新的尝试,它显然包含了对科技学术和文艺创作自由的倡导的努力,但它的表达方式却又是"含混的诗意化"的,它之所以不采取法律条文的形式来保证文艺和学术的自由,而要采用文学性的语汇来表达、采用政治宣传的方式来展开,本身就包含了政策制定者的暧昧心态。具体表现在:一、"双百方针"从一开始形成就包含了多种解释和自我防御的成分。例如,毛泽东在提出这一方针之初,就规定了它的实施范围:"只有反革命议论不让发表,这是人民民主专政"。陆定一的报告对此从正面作了规定:即"双百方针"是"人民内部的自由",指出"这是一条政治界线:政治上必须分清敌我"。这就意味着,如果某些人一旦被判定为"人民的敌人",他就不但失去行使"双百方针"的权利,而且其言行也就会被视为来自敌对阵营的"猖狂进攻",但确定敌我阵营界线的标准并没有明确具体的法律条文规定。二、事实上,从"双百方针"倡导的一开始,对于学术问题的具体争论就是在最高决策者的干预和控制下进行的,形势的发展很快表明,并非所有的学术问题都是可以随便争鸣的,除最为敏感的政治问题外,学术领域中如经济学、社会学、人口学等方面问题的讨论也显得相当敏感。三、"双百方针"的落实过程一直处于摇摆不定之中。对知识分子而言,"胡风事件"记忆犹新,这使他们在这一方针提出之初,兴奋的同时仍有观望心理,"知识分子的早春天气"这一对形势的估计,是大部分知识分子的典型心态。代表国家意志的舆论也一直摇摆不定,特别是

1956年底到1957年初的一段时间里,情势有点让人捉摸不定。1957年1月,陈其通等人的《我们对目前文艺工作的几点意见》已经被人视作"收"的信号,但毛泽东否定了这种左的倾向,并进一步开展整风,结果使文艺界的挑战声扩展到整个知识界。但不管如何,这一方针的提出在特定的时间里仍然极大地鼓舞了知识分子,使他们逐渐从"胡风事件"的阴影中摆脱出来。

"百花齐放、百家争鸣"的实施,客观上使得文艺界一度紧张的气氛开始缓和并逐步活跃起来。无名氏这个无业游民的心也受到蛊惑,不由得对搁置几年的《无名书》又抱有幻想,自信地认为该书的风格应该能够成为文艺创作中的一个流派。于是从1956年下半年,无名氏把《金色的蛇夜》续集余下的最后五万字完成。随即又投入到第四卷《死的岩层》的创作中,1957年上半年完稿。继之,又开始第五卷《开花在星云以外》的创作,次年完成。

无名氏尽管对"双百"存在幻想,但他此时的创作实际上只是通过笔耕来维持固有的精神生存方式。尽管无名氏对政治心存幻想,然而他还没有愚蠢地认为他的《无名书》也可以在当时的社会条件下受到鼓励。因此,短暂的权宜性的"双百方针"在"鸣"、"放"的喧闹过后,一片蝉声凄切,但这对无名氏孤独寂寞的创作并无大碍,他依然故我地在"地下"状态沉溺于《无名书》的创作。

《无名书》无疑成了无名氏落寞岁月的生命寄托。他曾在这段不合时宜的时间说过同样不合时宜的豪言:"我的'无名书'是会获得诺贝尔文学奖的。"这样的口吻再次表明了无名氏与人间烟火是多么隔膜,也许他知道自己的处境,但骨子里他的理性思路是决不肯向政治高压低头的。

50年代,大陆的政治意识形态已完全把西方的文化内容封存到"资产阶级"货色中。但无名氏对此却不以为然,他给在香港的哥哥卜少夫写信,求购一批西方的文学著作,这个清单包括了德国小说家托马斯·曼,诗人里尔克,法国诗人马拉美、魏尔伦、波德莱尔,法国现代小说家普鲁斯特,法国现代诗人阿波里内尔,哲学家巴斯卡尔,英国现代小说家詹姆斯、沃尔芙,英国现代诗人艾略特、叶兹、雪莱等人的著作。[25]即此一端可见,无名氏的思想仍存活于现代人类文明的沃土中。但在政治运动剧烈的中国这块土地上,这样的视线已很有些怪异了。

但正是扎根在人类先进文化的沃土中,《无名书》才具有了更长远一些的价值,说它是一个虔诚的禀具独立理性精神的知识分子献给中国苦难时代的一瓣心香,这毫不过分。在"反右"和"大跃进"的政治硝烟味非常浓厚的日子里,无名氏一面参加运动,一面继续创作《无名书》第六卷《创世纪大菩提》。

1960年5月3日,是无名氏生活中一个值得纪念的日子。当他写完《创世纪大菩提》的最后一个字,把笔一摔,抑制不住得像顽童一样蹦了三蹦,压低嗓门欢呼道:"我胜利了!我胜利了!我胜利了!"

在文艺创作的自由已被控制得非常有限的岁月里,《无名书》的完成堪称一个奇迹。它表明,对思想文化的专制是很难根绝精神对自由的向往之情的。《无名书》为那个文艺凋零的时期提供了一份理性、良知和个性的不熄的供状。

这是一部被时代难以接受的作品,但同时是一部超越了时代的作品,它注定了要在历史的解读中完成其意义循环。随着《无名书》的终结,无名氏的创作生命也基本告终,此后的岁月,他不过是在隐遁与沉沦性的生活中延宕其自然生命。当处于一个文化被革命的时代,文化人的处境也只能如此了。

⋯⋯⋯⋯

注 释

[1]根据无名氏1996年寄给汪应果的生平自述补充材料。

[2]根据无名氏1996年寄给汪应果的生平自述补充材料。

[3]根据无名氏1996年寄给汪应果的生平自述补充材料。

[4]无名氏:《年谱》,未刊。

［5］《金色的蛇夜》续集，香港新闻天地社，1982 年，第 40 页。

［6］无名氏在其手书《年谱》中自述，《野兽、野兽、野兽》中印蒂离家出走的经过，是他自己经历的"写照"。

［7］司马长风：《中国新文学史》下卷，香港昭明出版社，1978 年，第 101 页。

［8］《野兽、野兽、野兽》，第 23 页。

［9］引自无名氏 1996 年寄给汪应果的生平自述补充材料。

［10］黄岑：《野兽、野兽、野兽》"重版赘言"，见卜少夫、区展才主编：《现代心灵的探索》，台湾黎明文化事业公司，1989 年。

［11］钱理群等著：《中国现代文学三十年》（修订本），北京大学出版社，1998 年，第 520 页。

［12］杨鼎川：《1967 年：狂乱的文学年代》，山东教育出版社，1998 年，第 218 页。

［13］转引自司马长风：《中国新文学史》（下卷），香港昭明出版社，1978 年，第 103 页。

［14］［英］罗宾·乔治·科林伍德：《艺术原理》，中国社会科学出版社，1985 年，第 113～114 页。

［15］在钱理群等著《中国现代文学三十年》（修订本）中，认为这两部小说"通俗故事显现并不通俗的主旨"。此论一语中的。

［16］《塔里·塔外·女人》，花城出版社，1995 年，第 216 页。

［17］Hsia, Chih-Tsing, "Obsession with China", A History of Modern Chinese Fiction, p. 538, New Haven：Yale Up, 1971.

［18］谢冕：《1898：百年忧患》，山东教育出版社，1998 年，第 247～248 页。

［19］司马长风：《中国新文学史》（下卷），第 101 页；杨义：《中国现代小说史》第 3 卷，第 512 页。此说流传甚广。

［20］《绿色的回声》，第 139 页。

［21］《绿色的回声》，第 212 页。

［22］《淡水鱼冥思》，第 208 页。

［23］1977 年 9 月 14 日《香港快报》。

［24］《无名氏生死下落》，香港新闻天地社，1976 年，第 41 页。

［25］《无名氏生死下落》，香港新闻天地社，1976 年，第 59～60 页。

第二章 边缘与超越:无名氏自由主义的
　　　　文化关怀

一、自由主义的边缘性立场

　　无名氏是一个个性卓绝的作家,其他的不说,就从敢于将自己在
文坛上自封为"无名氏"这个举动,就鲜明地体现了其个性的不同凡
响。这一古怪文名的诞生,极为张扬地说明了无名氏对当时既定文
坛格局的不满和挑战的姿态。当然,现实生活中的无名氏的个性也
是非常独特的,抗战期间有人在西安慕名拜访年轻英俊的无名氏,竟
然在他狭小房间的木架子上发现了大量的人身道具、骷髅以及他剔
刮修整这些尸骨的工具。[1]人们常说"个性即命运","无名氏"这个笔
名的诞生也预示了此后他与文学史产生的毫不奇怪的紧张关系。事
实上,从无名氏的历史命运看,消隐于"无名"的命运在相当长的时间
里也的确构成了他的存在特征。而这对于那些寻找他的文学史家而
言,就无疑带有寻找历史"失踪者"的意味。

　　对于一般的人而言,无名氏产生的吸引力多少与这个人遽然消
隐于中国当代文坛数十年的神秘色彩密切相关。但从学术研究的理
性分析来看,神秘只构成了他文学史面貌的一个部分,从另外的迹象
看,这个作家的匿身于历史似乎又有其必然的因由。

　　有一个现象是耐人寻味的,其中的消息对于我们理解无名氏的
思想状况极富于启示意义——

　　1949 年以后,海峡两岸在政治上尖锐对峙,意识形态水火不容,
但双方在对待无名氏及其作品的态度上却达到了惊人的默契——斥
责和封禁。原因或谓他的作品"符合 1950 年以前共党以灰暗悲观的

论调来腐蚀整个大陆青年的要求";或谓他是国民党的"文化特务",他的作品是"毒草";或认为他的《北极风情画》、《塔里的女人》"灰色、颓唐",没有社会性;或认为他的长篇《一百万年以前》是为国民党张目的。更有目光敏锐者发现,他的长篇《野兽、野兽、野兽》对国共双方都持批判的立场。[2]

政治意识形态夹缝中的尴尬境地,在某种程度上向我们昭示了无名氏思想和文化性格上可能具有的特征,即独立而又超越于政治之上的社会立场。但这样的社会姿态在一个意识形态观念呈现二元对立结构的社会中是两面不讨好的,他的出现总是被当作异端来对待,因而就很难有立身之地。无意识地遭遇这种命运,多少带有喜剧色彩;而自觉地碰撞这种命运,则无疑带有很强的悲剧色彩,但悲剧的意义却很大程度上需要他人来解读了。无名氏无疑属于后者。

说来让人难以置信,无名氏的这种人生命运居然早就被他自己所预料。他曾在两处地方对"真理追求者"和"真理创造者"的玄思就带有对自己后来境遇的苍凉自况色彩。他写道:"追求真理者,站在一个乖谬的时代,毫无能为力。一个时代,常常只容许两种力量存在。第三种如存在,或者鲜小不受人注意,或者被逼参加两方的任一方,或者被两方联合绞杀。近代一些伟大的自由灵魂,在这种畸形的历史背景下,只有走最末一条路:沉默与隐遁。"[3]"真理创造者,永远是孤独者。失败时,他自然孤独。胜利时,他同样孤独。他永远凝视那最远最远的,向那最不可解答的挑战。在这种境界,任何现实的胜利对他都是负担。其实,他太深太切的期求新的胜利了,以致每一个胜利才变成红熟苹果,旋又被他精神运动的大风暴摇落,坠入泥土,渐渐腐烂。于是,他又抬起头,找那更新的苹果。"[4]

这两段话如果说在一个民主昌盛的时代,并没有什么令人惊奇之处。但倨傲和黯然的语气已经提示我们,说出这样的话是需要胆量和沉重的。它们分别写于中国 20 世纪 40 年代和 70 年代,而这两个年代也几乎分有了无名氏最有代表性的人生时段,言语睿智而不乏孤傲,既袒露了他的人生追求,也暗示了他的人生境遇。由此亦可见到,不讨好的中间立场和追求人生的远景性目标,组成了无名氏自我意识和外在行为发生共震的频率线。无名氏尽管没有公开树起政治的招牌,但他独立不倚的思想和人格精神,已然昭示了他可能具有的政治立场和个人身份。用"自由主义"来标示,似乎合乎其情。

中国现代文艺界著名的自由主义者朱光潜在 1948 年 8 月发表的《自由主义与文艺》一文中就谈到了中国现代自由主义者的这种尴尬境遇,他认为:

> "自由主义"这个名词在意义上不免有一点含混,尽管人们在热烈地拥护它或反对它,它究竟是什么,彼此所见,常不接头。"自由"有时是自私自便的藉口,随意破口骂人,说这是言论自由;它也有时是防止旁人干涉的藉口,自己行为不检,旁人不用议论,这是私人行为的自由。一种争论(无论是政治底、宗教底或道德底)有左右两个对立底立场时,你如果一无所属,你的超然底态度也有时叫做"自由底";所以"自由底"说好一点是"独立底",说坏一点是"骑墙底","灰色底"。
>
> 我分析我自己的"自由"观念,大约有两个来源。头一个是我的一点浅薄底西文字源学的知识。在起源时"自由"这个字是与"奴隶"相对立底。……其次,我学过一些生物学和心理学,"自由"这个观念常和"生展"联在一起。一般生物(连人在内)都有一种本性,一种生机。他们的健康与否就要看这本性或生机能否得到正常底合理底发展;如果得到正常底合理底发展,我们说他们能"自由发展"。……这个意义底"自由"是与"压抑""摧残"相对立底。我拥护自由主义,其实就是反对压抑与摧残,无论那是在身体方面或是在精神方面。我主张每个人无牵无碍地发展他的"性所固有",以求达到一种健康状态。不消说得,"自由"的这两个意义是相因相成底,奴隶离不了压抑,能自主才能自由发展。谈到究竟,我所了解底自由主义与人道主义(humanism)骨子里是一回事。
>
> 本着这个了解,我在文艺的领域维护自由主义。第一,文艺

应自由,意思是说它能自主,不是一种奴隶底活动。……惟有在艺术底活动方面,人超脱了自然的限制,能把自然拿在手里来玩弄,剪裁它,锤炼它,重新给予它一个生命与形式。……在超脱自然限制而自生自发地创造艺术的意象境界时,人是自然的主宰,换句话说,他就是上帝。人的这一点宝贵底本领我们不能不特别珍视。我所要说底第二点与这第一点正密切相关:文艺的要求是人性中最可宝贵底一点,它就应有自由底生展,不应受压抑或摧残。人性中有求知,想好,爱美三种基本底要求。求知,才有学问底活动,才实现真的价值;想好,才有道德底活动,才实现善的价值;爱美,才有艺术底活动,才实现美的价值。……文艺不但自身是一种真正自由底活动,而且也是令人得到自由底一种力量。……艺术使人自由,因为它解放人的束缚和限制。第一,它解放可能被压抑底情感,免除弗洛伊德派心、理学家所说的精神的失常。其次,它解放人的蔽于习惯底狭小底见地,使他随在见出人生世相的新鲜有趣,因而提高他的生命的力量,不致天天感觉人生乏味。从以上两点看,自由是文艺的本性,所以问题并不在文艺应该不应该自由,而在我们是否真正要文艺。是文艺就必有它的创造性,这就无异于说它的自由性;没有创造性或自由性底文艺根本不成其为文艺。文艺的自由就是自主,就创造底活动说,就是自生自发。我们不能凭文艺以外底某一种力量(无论是哲学底,宗教底,道德底或政治底)奴使文艺,强迫它走这个方向不走那个方向;因为如果创造所必需底灵感缺乏,我们纵然用尽思考和意志力,也决定创造不出文艺作品,而奴使文艺是要凭思考和意志力来炮制文艺。文艺所凭藉底心理活动是直觉或想象而不是思考和意志力,直觉或想象的特性是自由,是自生自发。……因此,我反对拿文艺做宣传的工具或是逢迎谄媚的工具。

朱光潜在中国自由主义的命运行将寿终正寝之时从文艺的角度对自由主义所作的延伸性诠释,本质上符合自由主义内涵,憧憬的理想是美好的,但是中国自由主义者连同他们在文艺界同盟者的命运却是尴尬的。而深知这种尴尬,但依然坚执无悔,这显然更体现了一种思想的表征。

通常,自由主义是以崇尚自由为其鹄的。美国政治哲学家哈耶克解释"自由"(Liberty)一词的含义时说,它表示的是一种没有特殊的阻碍,即没有他人强制的状态。自由主义作为一种松散的思想体系,包含了一系列主张,其主要内容包括经济上的放任主义、政治上的有限政治、社会伦理观上的个人主义(individualism)、历史观上的社会向善论等。其核心原则为个人主义,其醒目特征是提倡宽容与思想自由。[5]有中国"自由主义之父"之称的胡适在《自由主义》一文中曾十分准确地阐述道:"自由主义最浅显的意思是强调的尊重自由,现在有些人否认自由的价值,同时又自称是自由主义者。自由主义里没有自由,那就好像长坂坡里没有赵子龙,空城计里没有诸葛亮,总有点叫不顺口罢! 据我的拙见,自由主义就是人类历史上那个提倡自由,崇拜自由,争取自由,充实并推广自由的大运动。……我们现在说的'自由',是不受外力拘束压迫的权利,是在某一方面的生活不受外力限制束缚的权利。""在宗教信仰方面不受外力限制,就是宗教信仰自由。在思想方面就是思想自由,在著作出版方面,就是言论自由,出版自由。这些自由都不是天生的,不是上帝赐给我们的。是一些先进民族用长期的奋斗努力争出来的。"在简要回顾了英国近代自由主义政治的历史后,胡适认为:"我们承认现代的自由主义正应该有'和平改革'的含义,因为在民主政治已上了轨道的国家里,自由与容忍铺下了和平改革的大路,自由主义者也就不觉得有暴力革命的必要了。这最后一点,有许多没有忍耐心的年轻人也许听了不满意,他们要'彻底改革',不要那一点一滴的立法,他们要暴力革命,不要和平演进。我很诚恳的指出,近代一百六十七年的历史,很清楚地指示我们,凡主张彻底改革的人,在政治上没有一个不走上绝对专制的路,这是很自然的,只有绝对的专制政权可以铲除一切反对党,消灭一切阻力,也只有绝对的专制政治可以不择手段,不惜代价,用最残酷的方法做到他们认为根本改革的目的。他们不承认他们的见解会有错误,他们也不能承认反对他们的人也会有值得考虑的理由,所以他们绝对不能容忍异己,也绝对不能容许自由的思想与言论。所以我很坦白地说,自由主义为了尊重自由与容忍,当然反对暴力革命,与暴力革命必然引起来的暴力专制政治。""总结起来,自由主义的第一个意义是自由,第二个意义是民主,第三个意义是容忍反对党,第四个意义是和平的渐进的改革。"

胡适的这番对自由主义的阐述无疑沾染上了刻骨铭心的中国现代社会心得,最后对自由主义四个要素的概括,几乎每一个都不见容于当时,让人深刻感受到了自由主义与社会现实政治的尖锐张力。应该说,这些要素也大多为无名氏所具有。法国大革命时代创立的《人权宣言》最重要的一条——"人类生来——而且永远是自由的,并且具有同等的权利。"无名氏对此是激赏不已的,并且成了他和其笔下人物都坚信不渝的人生信条。[6]中国现代的自由主义思想是西风东渐的产物,它的不争的鼻祖是严复。严复早年留学英国,接受过系统的西学教育。在英国期间,他除了学习海军技术外,还很关心英国的政治思想和社会制度,致力于中西文化的比较研究。阅读了大量西方近代哲学、逻辑学、社会学、政治学、经济学等方面的书籍。在1873年就阅读了19世纪英国思想家约翰·穆勒的《自由论》(On Liberty),后来在1903年将其译为中文,取名《群己权界论》。严复的思想的核心内容就是自由思想,亦即人的自由问题。他提出了著名的"自由为体,民主为用"的口号。[7]把自由看得比民主与天演进化重要。自由是主要的,是内容,民主、物竞天择是次要的,是形式的。

严复的自由思想是从约翰·穆勒那里拿来的。穆勒认为:一个人的行为只要不涉及他人的利害,个人就有行动的完全自由。只有当个人的行为危害他人的利益时,外来力量才能对其施加合法的干预。从约翰·穆勒的理论中,严复比较全面地演绎了西方近代自由主义思想的原则:在内涵方面——"自由云者,不外云由我做主。""自由云者,作事由我之谓也。"[8]在外延方面——"人得自由,而必以他人之自由为界。"[9]这既是自由的原则,也是对自由的界定。

但自由主义思想的诞生在严复那里实际上却是中西文化比较视野的派生物。严复认为,东西方社会的根本差异,就在于有没有自由。他在《论世变之亟》中,列举了中西文化的许多差异,认为:"中国最重三纲,而西人首明平等;中国亲亲,而西人尚贤;中国以孝治天下,而西人以公治天下;中国尊主,而西人隆民;中国贵一道而同风,而西人喜党居而州处;中国多忌讳,而西人众讥评;其于财用也,中国重节流,而西人重开源;中国追淳朴,而西人求獾虞;其接物也,中国美谦屈,而西人务发舒;中国尚节文,而西人乐简易;其于为学也,中国夸多识,而西人尊亲知;其于祸灾也,中国委天数,而西人恃人力。"而在他看来,产生这些差别的根本原因,就是"自由不自由异耳"。而这些差别所导致的最终结果是中国贫穷落后,而西方强盛。因此,要使中国富强发展,必须要争取自由,在自由的政治基础上建立富强的国家。

但自由主义在中国的土壤是极其贫瘠的,"先天不足,后天失调"就是对它的中国现代境遇的非常恰当的概括。在传统的中国文化中几乎没有自由主义成分,这种情况从传统文化对个人主义的排斥即可察知。在某种意义上,个人真正意义上的觉醒是自由主义确立的前提,因而中国自由主义的料峭春天是在20世纪初伴随着个人主义的觉醒而姗姗来到的。在《新青年》创刊号上的《敬告青年》一文中,陈独秀就强调了个人自由,反对各种形式的奴役。稍早,鲁迅在《文化偏至论》中持"任个人而排众数"的个人主义主张。陈独秀在《东西民族根本之思想差异》中指出,西方文明是基于一种彻底的个人主义,而东方文明则基于家庭或家族单位。这种情形损害了个人的尊严和自尊,扼杀了自由意志和独立思想。因而他提出以个人主义取代家庭制度。胡适是易卜生个人主义思想的积极响应者,他在《易卜生主义》一文中附和易卜生的观点,认为社会"用了强制的手段毁灭个性,压抑个人自由和独立的精神";赞同易卜生理想的那种"个人可以充分发展他的才能和个性"的人生。郁达夫后来在《中国新文学大系·散文二集·导言》中更明确地表示："五四运动的最大成功,第一要算'个人'的发现。"这一切和周作人《人的文学》所提倡的个人的人间本位主义一道组成了个人主义(individualism)情调浓厚的自由主义文化风景。

对生命个体绝对自由的信奉和对独立思想的坚执,也是无名氏身上突出的标志,他的系列长篇《无名书》中的几乎所有重要角色都是坚定的个人主义者,有时他们也投入政治性的集体洪流,但那似乎不过是误入歧途。一旦他们发现个人主义受到侵害时,便不顾一切地与之抗争,甚至不惜退出政治的旋涡。书中男一号主人公印蒂退出组织前与党的基层领导发生的激烈争辩,就是对个人主义崇高价值的申说:"'个人'!'个人'!'个人'!这正是政治家们的惯技,拿'个人'这张王牌做唯一战略,把群众的冤屈各个击破,进而支解群众的痛苦。……我现在的呼吁,并不单纯是我个人的声音,在我声音后面,站着千千万万的'个人',站着千千万万受苦刑被虐害的无辜者。"[10]。但另一方面,自由主义思想及其自由主义者在中国现代社会中的境遇大抵如周作人传神勾画的那样——矗立于十字街头的塔。就像一个违章的建筑,独立成景但颇受讥弹。

早在40年代,无名氏就将自由悬为生命追求的圭臬,对之一遍又一遍地咏叹不已:"自由!自由!自由!自由!自由!自由!自由!自由!自由!自由!这是生命中的生命。人性中的人性。……没有自由的生命不是人性生命,那只是一堆活动的骨渣子、肉架子。"[11]"在生命里,我只爱两样东西:'自我'和'自由',没有前者,我等于一个走动的躯壳,比死更可怕的死者。没有后者,活着只是一种刑罚,生命只是个严惩,我宝贵这两样,胜似珍贵两个王国。"[12]"我所追求的,只是生命!生命!生命!最高度的生命!最绝对的生命!革命和政治只是生命中一个部门,并不是生命全体。""一个人生下来,并不单有做革命家和政治家的权利,也有做木匠泥水匠或其他各种人的权利。大自然是自由的,人也是自由的。"[13]

这些迹象无可辩驳地表明,无名氏是一个具有狂热自由主义倾向的知识分子。同时,这种倾向从另外两个方面也得到有力的提示:对现实政治和对艺术的态度。一般而言,中国现代的大部分自由主义者对政治持一种疏远和批评态度,同时又对艺术持一种纯粹态度或者说本体态度。这在胡适、周作人、朱光潜、林语堂、沈从文、徐志摩、梁实秋等中国现代著名文化人的身上体现得格外明显,他们也希冀在政治上实行自由主义,然而由于现代中国黑暗污浊的政治现实让他们深感失望,自由主义便更多地转化成了他们的思想和艺术态度。

这两种态度同样被烙在了无名氏的思想中,这就不奇怪他为什么对政治抱着那样异常的轻蔑态度了。他愤激地认为,"现实政治(特别是中国现实政治),只是一片污水缸,任何洁白身子跳进去,出来时,也是一身脏和一身臭。"[14]"政治,它有损灵性和美!生命够短了,再分一部分给口号标语,是一种愚蠢!我厌恶那些台上的喊声,台下的掌声。亚里斯多德是错的:人不是政治的动物,人只是人!"[15]在许多时候,政治成了无名氏讨伐的对象。而对待艺术,无名氏具有纯艺术的唯美倾向。他对文学的社会政治和宣传功能并不重视,而对文学与生命及情感的关系非常强调,并将写作视作自己的生活方式。诗人和美被他尊为生命的上席贵宾。他恶狠狠地说:"世界上懂得杀人并且专爱杀人的是政治家和军人,不是诗人。这个龌龊世界,只有诗人和艺术家是清白的。"[16]在这里,艺术家无异于人世道德的楷模。又表示:"只有美,才是灵魂的基点,通过这一基点,一切精神建筑才能圆全矗立起来。凡不以美为支柱的情感,绝不是纯净的情感。"[17]他虔诚地对文学表示了感恩之情:"我不只在写,我也在生活,生活就是为了写。生活的每一细节,每一折缝,全可溶入艺术。'我'再不存在了,只有艺术存在,这是我的救主,因为我是以'我'为中心而活着;现在我对了,因为我是以艺术为中心而活着。从今而后,这个'我'要退在一旁,虔诚的变成艺术的忠仆。"[18]甚至激烈地认为,"艺术家、哲学家和科学家也许比政治家更伟大。艺术、哲学、科学似乎应该指导政治,而不是政治指导艺术、哲学、科学。"[19]

政治在无名氏眼中成了与自由截然对立的怪物,"因此,我厌恶政治。弄政治的人,白昼黑夜高喊'自由',自己却一辈子套在枷锁里,也希望别人套在枷锁里,习惯枷锁的人,绝不能给别人'自由'。"[20]"现实政治既是肮脏的粪坑,任何党派,凡能在现实政治上有立足地的,非站的粪坑中不可,也必然会染上龌龊和奇臭。……越是干净纯洁的灵魂,在现实政治里越没有立足地。""粪坑里开不出花。花只能开在溪水边"。[21]

这些言论和情绪表明,无名氏对政治存在着明显偏执的认识,但也未尝不是对当时恶劣政治现实的正当批评,并显示了傲然的个人独立的理性精神。这种对政治疏远和批判性的立场在一个政治气氛浓厚,政治生活支配了整个社会的情况下,当然也只能相应地受到政治势力的冷遇和排斥。而纯艺术观点相对于社会功利性极强的现实主义文学潮流来说,同样也只能构成文坛的配角。因此,不论是从无名氏的政治态度还是从艺术态度上衡量,他与自由主义立场都有着紧密的联系。而在中国现代社会,作为文学领域的自由主义者,往往都具有"为艺术而艺术"的特点,如梁实秋、朱光潜、沈从文、胡秋原等人,皆为文学领域中自由主义的代表。

由此,无名氏自由主义的情愫把他置入了社会边缘的境地。对于无名氏来说,"边缘"是双重的:一方面意味着权力和政治结构的边缘,一方面体现着文坛主流的边缘。前者的"边缘"说明了中国现代社会政治的不宽容现状,后者的"边缘"则揭示了文学创作不自由的事实。这双重边缘就构成了无名氏的实际生活中的边缘处境,也为他后来的落寞生活埋下了伏笔。

二、无名氏的自由主义之途

对无名氏来说,走入边缘并非一日之功,某种程度上可以说是他孤僻奇倔、叛逆色彩极强的个性和兴趣化十足的知识积累的共同产物。它似乎与政治性的党派观念的浸染没有太大关系,相反,政治事态的无原则变化益发激化了他对自由主义立场的坚守。

无名氏的哥哥卜少夫表示,无名氏的"性格"极为"突异、冷静、坚定,加上执着","属于敏感型、神经质、沉思派的一种典型"。[22]17 岁弃学离家事件对于了解无名氏具有重要意义,这一事件的重要性体现在两个方面:一方面展示了无名氏孤绝冲动的性格特点,另一方面也表现了他理性思路上某种成熟的东西——他要自觉选择自己的人生——"我要凭苦斗为自己创造一个前程。"[23]充分的个性尽管不能代表充分的自由主义,但充分的个性却构成了自由主义丰富的内涵。流浪北京的两年苦读的自学阶段,无名氏自主独立的个性在此转化为对形而上问题的热情。尽管叛逆的个性天然地就是革命的酵素,但要说无名氏早年就具有完整的自由主义思想显然并不确切,他的思想实际上经历了一个由"左"向中间的转化进程。

无名氏曾回忆说:"从(南京)乐育中学时代起,我思想开始左倾,到了三民中学,左倾达高峰,这才反抗联考,罢读。赴北京那年秋天,我又念俄文专科学校,这更证明我的'左'。在图书馆看了近千本书后,它们是'百花齐放,百家争鸣'。有马列一派书,也有胡适的书,也有张东荪的《唯物辩证法总检讨》这样的巨书。这样,我原先的左倾思想便取得自由派的平衡。情感上我左倾,理智上我对左派和自由派则保持客观研究、比较。"[24]但他的思想没有完全停留在这个平衡点上,有两件事对他的思想触动很大,促使他与"左翼"保持了思想距离,进而持一定的理性批评立场。

一件是:1939 年无名氏在国民党中央图书杂志审查委员会谋职,在此,他发现了许多有关托洛斯基的资料以及 1936 年斯大林"肃反"的骇人听闻的暴行。他的思想因此震颤不已,对苏俄的好感因此破灭。

另一件是:斯大林对波兰的出卖。二次大战前,苏联共产党曾呼吁全世界共产党人联合起来,共同保卫波兰免遭法西斯德国的侵犯。但转瞬之间,斯大林从苏联自己的利益出发,与德国签订了《互不侵犯条约》,将波兰拱手出卖。

这两件事情使无名氏对政治行为的原则性和真理性产生了颠覆性的怀疑,由此也加快了他激进思想的中间化转化。他内心曾存的对左翼思想的好感因上述事件而重创、破灭了。晚年他自我总结说:"过去我思想里的左派色彩与自由派色彩平分秋色。(1938年在武汉,我甚至一度想赴延安,后因西安拦截了大批青年,我才不去。)现在,自由派占了上风,尽管感情上仍多少同情C·P,但理智上却极反感苏联,这也是我政治思想上转变的开始。"[25]于是出自独立理性精神的对形而上恒久价值的追求,成为无名氏努力追求的方向。他也开始了和笔下人物一起对"自我"和自由的皈依。他认为知识分子的中坚人物不应是现实政治的追逐者,而应是"时代最长的几支触角。由于他们对高度幻境和自由的向往、追求,无疑的,他们的心灵经验必然多姿多态、多样多式,这些,并不只是心灵鸾凤在'自我'镜前的摇曳顾盼,毋宁是对更遥远的精神旅程的一种冲撞、一种突击。""这群知识分子,命定是拿自己思想当苹果,日夜咬食的。……在常人看来,这些人都是疯子,但这一时代的人,其实都雕有他们精神的烙印,大小深浅不同而已。"[26]"生命本是一种最高的连续追求,以及无限永恒的开展。大追求者是大火者,也是大冷者,大孤独者,唯其这种精神山岳的非人忍受的大寒大冷;许多人才安于故道,不敢向上攀登。灵魂的堕落的一种,便是思想的懦怯。""这个时代本是一个黑夜,到处都是魑魅,任何人已习惯互牵着集团和党派的绳子,慢慢赶黑路,没有一个敢独自往前闯。他们不是怕闯,而是害怕灵魂的绝对自由。灵魂的绝对自由是一种大享受,也是大苦刑,在达到最后的享受堂奥之前,必须通过一重又一重的苦刑之门。"[27]这种激烈的申说、辩解,表明了无名氏对其自由主义立场的异常敏感,同时还隐含了这种立场与特定时代呈现的内在紧张关系。而实际上,即使在无名氏最走红的时期,这种内在的紧张关系也没有完全消除。

认真考察,我们会发现,在《北极风情画》、《塔里的女人》风靡读者之时,尽管这极大地满足了初登文坛的无名氏的虚荣心,但真正的热闹似乎也不完全属于他。当时的文坛,左翼的文化势力占据了主流的一翼,国民党的右翼文化势力虽不能同声势浩大的左翼力量相颉颃,但由于有官方势力作后盾,无疑构成了文坛不容忽视的另一翼。无名氏与两派皆无干系,天马行空、独来独往,对文学持有自己的见解,决不依傍他人。他只是借助作品的审美冲击力赢得了读者的青睐,占据了文坛的一角。但只要注意一下无名氏的两部小说在普通读者手中所获得的欢迎和权威批评界对此保持的惊人冷漠的巨大反差,再注意一下无名氏对读者反响的高度矜持,人们就会发现,无名氏从来没有占据过"中心"。

如果单纯从小说的命运来说,两部言情小说应该是幸运的,无名氏花费巨大心血着力创作的《无名书》却是极为悖时的。当战争的硝烟弥漫在华夏大地的时候,无名氏却一个人躲进了西子湖畔的慧心庵,潜心于他的文学创作,企图为明日的世界文化发展寻求一条通行的大道。同时,该书对兵戎相见的国共双方倾注了严肃的批判和反思。而这一切是在第三条道路已被杜绝的社会情形下发生的,理性的法庭被置放在鏖战的阵地上,人们不难想象,这是怎样的一个场面啊! 在这里,个人与现实政治的不协调张力被无名氏的极具个人色彩的自由主义思想和行为推向了高潮。由此也拉开了无名氏由边缘走向隐遁的命运帷幕。

三、超越边缘的文化关怀

一头栽进文化的渊薮,竭力摆脱政治的纠缠,注重心灵的修炼,坚执思想的开垦,企图以对观念的改塑加入到对民族文化复兴的建设中。致力于文化建设,这是中国现代自由主义者的典型态度,以致美国学者尤金·路伯特(Eugene Lubot)将之称作"新文化自由主义者"(New Culture Liberals)。[28]

中国近代自由主义者从文化的角度超越现实政治地关怀中国社会的改革和发展,在中国现代社会尽管声调不低,却显然有些落落寡合。中国现代的社会政治为什么对自由主义采取了回避或拒绝的态度呢？其中的奥秘在这样的历史细节中得到了精彩的提示：1905年严复因公游访欧美诸国，途经伦敦，当时避难在伦敦的孙中山前往拜访。论及中国前途问题，孙中山持激进革命的态度，而严复则持温和改良的立场，认为："中国民品之劣，民智之卑，即有改革，害之除于甲者将见于乙，泯于丙者将发于丁。为今之计，惟急从教育上着手，庶几逐渐更新也。"孙中山对严复说："俟河之清，人寿几何？君为思想家，鄙人乃实行家也。"[29]孙中山的结论形象道出了他们之间的思想区别，这个区别实际上也是中国现代政治主张与自由主义思想主张之间的距离，或者说是政治家秉持的工具理性与思想家秉持的价值理性的差别。严复的"教育救国"，注重思想文化改良；孙中山的"民主革命"，注重政治革命。基本上看，中国近代以来的自由主义者都在上述的历史背景中关注文化问题，视文化的改良为社会进步的更根本任务。

这种对文化的专著看起来有凌空蹈虚之嫌，实际上却来自对中国近代历史的深刻反思，恐怕具有更根本性的意义。近代历史的见证人和过来人梁启超曾谓："近五十年来，中国人渐渐知道的不足了。这点子觉悟，一面算是学问进步的原因，一面也算学问进步的结果。第一期，先从器物上感觉不足。这种感觉，从鸦片战争后渐渐发动，到同治年间借了外国兵来平内乱，于是曾国藩、李鸿章一班人，很觉得外国的船坚炮利，确是我们所不及，对于这方面的事项，觉得有舍己从人的必要，……第二期，是从制度上感觉不足。……第三期，便是从文化根本上感觉不足。……革命成功将近十年，所希望的件件都落空，渐渐有点废然思返，觉得社会文化是整套的，要拿旧心理运用新制度，决计不可能，渐渐要求全人格的觉悟。"[30]对文化于社会进步的根本性作用，现代自由主义大师胡适是深表赞同的，他曾发誓二十年不谈政治，而致力于中国现代的文化建设工作，他尽管意识到"文化不能控制一国的政治，但他同样深信一个社会的文化状态在久远的基础上可以左右政治。"[31]这差不多成了一种现代学人的共识。现代著名学者贺麟也表示了同样的看法："我们最初只注意到西人的船坚炮利,打了几次败仗之后,才觉悟到他们还有高度有组织的政治法律,最后在新文化运动大潮中,才彻悟别人还有高深的学术思想。我们才真正明了思想改革与研究西方哲学的必要。"[32]因此,中国现代自由主义者注重文化建设的努力乃至固执心态,其实是一种历史理性的表露。无名氏甚至把自由主义者的文化关怀视作了自由主义者的生命——"在任何时代,中间分子总尽了很大贡献,他们几乎是文化的保姆。假如有一个时代不容中间分子存在了,这就是文化的倒退时代。"[33]

文化的长远性眼光的确立和根本性作用,既然为自由主义者们所坚信,政治的作用便被相应缩小,胡适谓:"我们是不承认政治上有什么根本解决的,世界上两个大革命,一个法国革命,一个俄国革命,表面上可算是根本解决了,然而骨子里总逃不了那枝枝节节的具体问题;虽然快意一时,震动百世,而法国与俄国终不能不应付那一点一滴的问题……我们应该把平常对政治的大奢望暂时收起,只存一个'得尺进寸,得寸进寸'的希望,然而可以冷静地估量那现实的政治上的变迁。"[34]无名氏无疑也将此引为同调,甚至表现得更为激烈。他也认为对社会现实问题作"政治的解决,并不是一切问题的解决。同样,政治的纠纷和症结,也不是一切问题的纠纷和症结。……事实证明,政治的真理,只是蜉蝣真理:早上诞生,晚上死掉。"[35]

政治的现实参与和文化的超越性关怀,在现代中国往往被视作难以调和的两歧立场,似乎没有共通之处,因而国事当前,文化关怀者往往被巨大的政治压力所冷遇,如果不向现实妥协,便会遭到侧目。"十字街头"的政客们只把"象牙之塔"的人们当作一种摆设,而并不认为他们于社会有更深远的意义和作用。但实际上,"象牙之塔"的工作尽管显得超越,但自有超越的作用。无名氏对此的解说无疑是正确的,他认为:"政治经济是暂时的,文化(特别是宗教、哲学、艺术)范畴里的思想是较永久的。人可以不是政治人,但人不能不是人。"[36]"有时候,文化只是娱乐品,可有可无。没有文化,群众也能活下去。就生命说,文化并不是必要的,但就生命的高度开展说,文化是必要的。没有文化，只能有生命，而没有高度意义的生命。"[37]人与文化的关系是双向互动的，人是文化的创造者，但反过来，人也是文化的创造物。作为一种文化的存在，文化赋予了人的存在以意义。实际上高度自觉的人生，乃是追求意义的人生，人如果不想从"人"退化到动物，对文化的皈依是不可避免的。

情况确乎如此。无名氏的思想对现实政治并不缺少应有的感应，但他似乎更专心于对人类远景目标的眺望。他曾借着笔下人物之口罗列了一大串现实政治事件，但又不屑一顾地表示："这一切，并不被印蒂这一群重视。不是不重视，而是远超于重视"。"印蒂这群人所追求的，不是朝生夕死的浮光掠影，而是那容得下最长测锤的最深海湾。"显然，他对生命的终极价值的关心远超于对现实政治的关心。这使他颇醉心于文化探讨。

无名氏的文化观念是建立在对中国、印度和西方不同文化的考察和比较上的，这无疑得自中国现代著名学者梁漱溟的有影响的《东西文化及其哲学》观点的启发。像梁漱溟一样，无名氏认为，这三种文化基本体现了世界上的三种基本文化形态："印度人是一个富于宗教性的民族，中国人是一个比较偏于理智的民族，西方人则是比较富于冒险性的民族，西方与印度全各走极端。唯中国则处在两者之中，允执厥中。"但这三种文化又是互相补充的，相辅相成的，如果"没有中国文化的调和，则西方文化及印度文化可能易入灭绝之路。没有西方与印度的刺激，则中国文化易于停滞。因此中国文化未来的使命，就是调和混溶西方与印度。中国文化如溶解剂，有了这一药料，世界性的文化才能重新铸成一个崭新体"。[38] 对各文化形态特征的甄别，无名氏是参照各文化体系中的宗教性相做出的。宗教生发于文化，又强化了文化。拈出宗教的征候来襄括诸文化间的差异，有简单之嫌，但无名氏对此的感悟常常是富于启发的："中国民族传统不是走极端的，最好例证是，中国并没有宗教，西方有基督教，它是象征向前的、痛苦的、斗争的，耶稣十字架为西方主要精神。印度有佛教，它是美丽的、恬静的，所谓涅槃是最高境界，它是向内的，不是向外的。佛象征圆满，而西天极乐莲花世界则如一种梦境。耶稣教劝人服务，佛教则劝人解脱，超越一切，并普度众生。"[39]

从无名氏的文化视域来说，他是几乎完全敞向了西方文化，但在对中、印、西文化价值的估价上，他却表现了骨子里的民族情感偏向。尽管表面上他各有所褒，但依然把中国传统文化放在高一级的价值层面给予了认可："外国是宗教文化，凡宗教文化，具有彻底精神，爱是爱到极端，恨是恨到极端，兴奋是极端，颓唐也是极端，这样，自然会给人一种刺激。中国文化非宗教文化，凡事不走极端，越是最高哲理，越不叫人极端，而叫人柔软、勿刚、勿强、勿露锋芒。其实，这也是一种积极精神，但因为境界炉火纯青，境界太高，一般人多不易解，反而以为这样渗透高尚生命色彩的哲学缺少生命了。"[40]这里透露了无名氏思想中民族文化的优越意识。他在理智上承认异质文化的差异性和互补性，但在情感上却偏向对民族文化的热爱。他认为，民族文化在精神等级上高于西方文化，因为民族文化是高度成熟的文化形态，甚至因为过分成熟而呈现老态。"尼采的精神三变，由狮子而骆驼而婴儿，其最后境界是老庄境界。"[41]即返璞归真境界。"大抵西方境界注重外射，中国境界注重内涵。外射常是浅薄的、明白的、通俗的，故易于为一般人接受；内涵是较深奥的、神秘的、晦涩的，有时甚至平凡得太平凡，故一般人不易接受。"[42]通过比较，无名氏用新儒学家的口吻宣布道："到目前为止，一切文化思想都是零零碎碎的，还没有一种综合的最高智慧来概括一切思想及生命真理。然而，东方智慧却是综合的，这对西方的支离琐碎是一大补救。"[43]

中国民族文化之所以能绵延五千年，显然有其存在的根由，它的丰富和博大精深也是毋庸置疑的。近代以来的尖锐的东西文化碰撞，这就为两种异质文化的比较提供了机会，但由于这种文化比较是以恶性方式出现的，因此民族情感的因素便不能以冷静的态度对待两种文化的比较。无名氏在思考中西方文化的特质时，主观上试图摆脱单一文化观念的局限，但固执的文化等级观念使他深陷于民族文化优越的窠臼中。令人费解的是，优越文化品级浸润下的炎黄后代们却未能有效抵御次一品级文化浸润下的人们的攻伐。这总是一种潜在的反讽。如果无视近代以来中西文化碰撞给民族带来的灾难性后果，那么，这种文化比较也许是不全面的。所以，无名氏的思想在对中西文化本质进行思考时，时常摇摆于一种矛盾的心境中：即一方面他认为中西文化是两种不同品级的文化形态，中国传统文化高于西方文化；另一方面，他又认为中西文化是两种异质的文化，可以而且应该相互补充。这个矛盾表现了诸多方面的复杂性：一是人与传统文化的生存和情感关系，二是作为有机整体的文化内部因素的难以简单甄别的良莠混溶性，三是传统文化和社会现代化是否存在直接的因果关系。而这些问题在很大程度上不仅仅是一个理论问题，更属于一项浩大而漫长的社会实践工程。中国现代社会的急迫形势对自由主义的文化之思显然没有多少耐心，这使思想者的思维成果往往被排除在了政治的视野以外，他们成了社会的另类人。

无名氏谓："西方文化境界虽浅，但易被人接受，故活力较大。中国文化境界虽深，但易被人误解，结果乃变成麻木不仁。……中国文化境界其实比西方高，但就历史的时代演变言，中国文化已超出时代太远，极不易被一般人接受。中国文化目前如欲生存，必须接受西方文化中的战斗色彩，以及那种汹涌澎湃的生命力。"[44]"西方文化入世味道重，富于战斗色彩，生活境界未必高。东方文化是为文化的文化，战斗色彩较弱，境界较高。西方文化的趋势，是过度争存。中国文化的流弊，是不能争存。"[45]

中西文化的论争始于民国六七年间，这场延续久远的文化论争有其学理上的因由，但显而易见是近代民族危机催逼出来的苦果。中国传统文化是在一个相对封闭的地理环境中形成的，在其漫长的历史发展进程中，它几乎没有遇到真正异质文化的挑战，但鸦片战争却把"野蛮夷人"的文化塞进了中国。当一种文化——尤其对于宗教情绪极为弱化的中华民族来说，文化的功能有时与宗教相仿佛——不能卓有成效地帮助它所化育人群应付危机时，人们对它的反思便被提到议事日程。

中国现代有影响的人物——如严复、陈独秀、李大钊、蒋梦麟、梁漱溟、李石岑等人——几乎都在这个问题上发表过意见，文化问题在这里实际上演化为为民族的未来探求道路的社会问题。其基本意见表现为三种：西方文化先进观，因而主张全盘西化；东方文化先进观，因而主张文化保守；东西方文化各有优劣观，因而主张文化融合。持第一种观点的人有陈独秀、胡适等人，持第二种观点的有辜鸿铭等人，持第三种观点的有杜亚泉、梁漱溟、周作人等人。

无名氏对中西文化的思考与第三种观点的思路比较接近，他的这种文化心态毫无疑问不是个别的。这个思路甚至在一向被认为在晚年持文化保守倾向的严复那里同样如此。对于中国传统文化，严复并非主张简单复古，而是提倡"改用新式机器发掘淘炼"，使之在新的历史条件下，得以发展和光大。他认为，"自欧美学科东渐亚陆，其所扬榷而举似者，不独名物异古已也，即其理想往往为古人之所无。将欲废之乎？则于今日之事，必有所之。将欲倡之乎？则其势且将以蔑古。……使古而蔑，将吾国之有存者几何？"[46]他认为西学长于自然科学，可信而不可弃，"中国旧学，德育为多，故其书为德育所必用"。即使认定中国文化"有病"从更新中国文化的角度出发，也有必要治"旧学"。"譬如治病之医，不细究病人性质、体力、习惯、病源，便尔侈谈方药，有是理乎？始无论国粹、国文，为吾人所当保守者矣。故不佞谓居今盲学，断无不先治旧学之理，经史词章，国律伦理，皆不可废。惟教授旧法当改良。"[47]基于此，严复主张中西学并存融合，"统新故而视其通，苞中外而计其全"，"不至枯守其旧，盲随于新"。严复在有选择地倡导传统文化的同时，也没有轻易否定继续学习"西学"的必要性，即使在《读经当积极提倡》一文中，他也指出："若夫形、数、质、力诸科学，与夫今日世界之常识，以其待用之殷，不可不治，吾辈岂不知之？"[48]在严复看来，"西学"的长处是自然科学，中国向西方学习科技没有什么怀疑之处。但是，中国人在向西方学习的同时，不应当数典忘祖，完全背叛自己的文化传统，而应该发掘民族精神的原动力,弘扬传统,光大传统,对中国传统予以现代阐释,使之实现向现代的转换。如何实现传统向现代的创造性转换,这是任何一个迈向近代化的国家都无法回避的课题。解决这一问题的一个症结就是如何给传统文化赋予现代意义。西方国家的成功经验证明,它们在实现现代化的过程中并没有忘记自己的传统文化,相反通过挖掘传统文化的精神养料,使自身的文化传统得以延伸和光大,新教伦理与资本主义精神密不可分的内在联系,就充分证明了这一点。而当代东亚国家——尤其是"亚洲四小龙",在保持传统文化的同时,同样实现了社会经济的现代化。

梁漱溟在其著名的《东西文化及其哲学》中对中西文化三分法的做法,也是无名氏认同并采用的。梁漱溟认为,文化的本质"乃是人类生活的样法"。人类生活有三种不同的样法,表现了三种对待意欲的态度。第一种态度,循"生活本来的路向"、取向前奋斗姿态,称为"向前面要求";第二种态度,在生活中采取"随遇而安"、"自己意欲的调和态度",称为"对自己的意思变换调和持中";第三种态度,在生活中采取"消灭问题"的禁欲态度,称为"转身向后去要求"。它们分别对应于西方文化、中国文化和印度文化。无名氏对此的表述为:"印度人比较是一个富于宗族性的民族,中国人是一个比较偏于理智的民族,西方人则是比较富于冒险性的民族。"原因来自宗教的特点和对宗教的态度:"西方有基督教,它是象征向前的、痛苦的、斗争的。印度有佛教,它是向内的、不是向外的,中国文化传统是中庸的,不走极端。"[49]对于三者的关系,无名氏给予了中国智慧的调解:"人类只有两条路:(一)互相忍耐,谦虚,尊重别人,牺牲自己,但这样一来,也就是放弃了自己的人生真理。(二)互相固执,把别人打倒,以让自己的真理独占一切,但这样一来,别人真理仍亦求独占,结果谁真谁假,更不易明白。上面的(一)是完全取消人生真理,上面的(二)是完全肯定人生真理,这两条路都不通。印度人生态度是第一条路,欧洲是第二条路,中国则是第三条路,即:不全肯定,亦不全否定,此之谓中庸。中国人的所谓'随遇而安',这四个字包含有甚深智慧。"[50]

走向世界文化的融合之路，无名氏对民族文化在其中扮演的角色赋予了特别功能："中国文化未来的使命，就是调和混溶西方与印度。中国文化如溶解剂，有了这一药料，世界性的文化才能重新凝铸成一个崭新体。"[51]然而在推导未来人类文化前景时，他又对西方文化寄予厚望："作为未来人类文化新根源，其基础自应以西方为本，因西方文化是精气四溢的活力的象征。东方文化则沉萎已久，今日必须先从西方借取活力，再溶以东方的宽博精神，则未来可能形成一种新文化。"[52]

作为一个心怀文化抱负的人，无名氏对中国文化乃至人类文化的走向倾注了大量的心血。之所以如此，又不能不说与他为自己的文化境遇寻找安身立命的基础有关。实际上，在无名氏醉心于文化思考和酝酿文化创造的岁月，恰恰是中华民族陷于灾难的40年代，一头扎进文化的渊薮，更体现了一种人生形态的超越倾向。文化建设相对当时的严酷的民族危机、政治危机和社会危机而言，显然只具有边缘的意义，无名氏并不是没有意识到这一点，但人生有限，他渴望的是超越——他坚信："政治经济暂时的，文化（特别是宗教、哲学、艺术）范畴里的思想是较永久的。"[53]

对东西方文化整合，进而创造一种适应人类未来生存和发展的新文化的宏伟蓝图，最终是在《无名书》的创作中形成的。《无名书》的最高企图正是要"调和儒、释、耶三教，建立一个新信仰。"[54]它的第六卷《创纪大菩提》的书名直接喻指此意，而无名氏在《无名书》第五卷《开花在星云以外》中所提出的"星球哲学"的世界观更是对文化抱负提出的具体方案。无名氏阐述道："星球哲学的重心，不像一般哲学，它不只是一串概念、思想，……它是综合人性的灵魂产物。""几千年来，我们只知道我们是某一乡，某一县，某一城，最多是某一国人，或某一民族的个体；现代人进步些，有了世界感觉。还不够，我们必须自觉自己是地球人，把另外一些星球当作其他国家民族，而太阳系只不过是一个小洲，另外还有许多其他星系，其他许多洲，这个星际，才是今天我们所谓'世界'。实际上，我们也应从整个宇宙为我们行动的世界。"[55]它的内容是试图从超越于地球的宇宙视野来审视人类的生活,探寻人类与更大尺度世界的关系,从而把握宇宙的整体,亦即对终极真理的领悟。而要做到这一点。需要对中西文化进行创造性融合,在此基础上悟得"道体"。这个概念有些神秘,但其核心内容可以表述为两个方面:从它拥抱的广漠空间过程而言,它归于宇宙的浑然本体,生命以融入这一浑然本体为其最高境界;从它所追求的永恒理念而言,它是对时间的豁悟与超越。为了更具体地展示"星球哲学",无名氏专门在《创世纪大菩提》中建立了一个"地球农场",试图演绎他的大文化观念。尽管无名氏对此信誓旦旦,但文化乌托邦的意味依然很浓。如果艺术的功能和文化的性质与现实生活永远不可能同一的话,那么,这个由文学家无名氏在其作品中构筑的理念性的艺术世界也注定了它在播向人间过程的局限性。也许文化的精神性质本来就是源于某种信念的需要,谁说无名氏没意识到这一点呢?——"在我看来,一切'未来'理想的'永恒'价值,正在于它们的未实现,以及永不能实现。而其不朽的迷人处,及鼓舞人处,也正在此。"[56]

注 释

[1] 转引自严家炎:《中国现代小说流派史》,人民文学出版社,1995 年,第304 页。

[2] 卜少夫、区展才编:《现代心灵的探索》,台湾黎明文化事业公司,1987 年,第 120、224 页。

[3]《野兽、野兽、野兽》,花城出版社,1995 年,第 327 页。

[4]《淡水鱼冥思》,花城出版社,1995 年,第 15 页。

[5] 参阅李强:《自由主义》,中国社会科学出版社,1998 年。

[6]《创世纪大菩提》,台湾远景公司,1984 年,第 108 页。

[7]《原强》,《严复集》第一册,中华书局,1986 年,第 23 页。

[8]《政治讲义》,《严复集》第五册,中华书局,1986 年,第 1287 页。

[9]《群己权界论·译凡例》,《严复集》第五册,中华书局,1986 年,第 133 页。

[10]《野兽、野兽、野兽》,花城出版社,1995 年,第 345 页。

[11]《野兽、野兽、野兽》,第 280 页。

[12]《海艳》,花城出版社,1995 年,第 250 页。

[13]《野兽、野兽、野兽》,第 347 页。

[14]《野兽、野兽、野兽》,第 333 页。

[15]《海艳》,第 248 页。

[16]《海艳》,第 58 页。

[17]《海艳》,第 129 页。

[18]《淡水鱼冥思》,第 203 页。

[19]《淡水鱼冥思》,第 184 页。

[20]《海艳》,第 249 页。

[21]《野兽、野兽、野兽》,第 345~346 页。

[22]卜少夫编著:《无名氏生死下落》,香港新闻天地社,1976 年。

[23]无名氏:《年谱》,未刊。

[24]引自无名氏 1996 年寄给汪应果"生平自述补充材料"。

[25]引自无名氏 1996 年寄给汪应果"生平自述补充材料"。

[26]《金色的蛇夜》,香港新闻天地社,1982 年,第 120 页

[27]《野兽、野兽、野兽》,第 328 页。

[28]参阅胡希伟等:《十字街头与塔》,上海人民出版社,1991 年,第 238 页。

[29]欧阳哲生:《严复评传》,百花洲文艺出版社,1994 年,第 153~154 页。

[30]《梁启超选集》,上海人民出版社,1984 年,第 834 页。

[31]转引自胡希伟等:《十字街头与塔》,上海人民出版社,1991 年,第 238 页。

[32]贺麟:《五十年来的中国哲学》,辽宁教育出版社,1989 年。

[33]《淡水鱼冥思》,第 134 页。

[34]《胡适文存》,第二集第三卷,北京大学出版社,第 145~146 页。

[35]《金色的蛇夜》,香港新闻天地社,1983 年版,第 120 页。

[36]《淡水鱼冥思》,第 133 页,花城出版社,1995 年。

[37]《淡水鱼冥思》,第 144 页,花城出版社,1995 年。

[38]《淡水鱼冥思》,第 98 页。

[39]《淡水鱼冥思》,第 98 页。

[40]《淡水鱼冥思》,第 100 页。

[41]《淡水鱼冥思》,第 95 页。

[42]《淡水鱼冥思》,第 100 页。

[43]《淡水鱼冥思》,第 137 页。

[44]《淡水鱼冥思》,第 100 页。

[45]《淡水鱼冥思》,第 132 页。

[46]《普通百科新大词典》序,《严复集》第 2 册,中华书局,1986 年,第 276 页。

[47]《论今日教育应以物理科学为当务之急》,《严复集》第 2 册,中华书局,1986 年,第 284 页。

[48]《读经当积极提倡》,《严复集》第 2 册,中华书局,1986 年,第 332 页。

[49]《淡水鱼冥思》,第 98 页。

[50]《淡水鱼冥思》,第 109 页。

[51]《淡水鱼冥思》,第 98 页。

[52]《淡水鱼冥思》,第 132 页。

[53]《淡水鱼冥思》,第 133 页。

[54]《无名氏生死下落》,香港新闻天地社,1976 年,第 43 页。

[55]《创世纪大菩提》,台湾远景公司,1984 年,第 868～869 页。

[56]《淡水鱼冥思》,第 34 页。

第三章　离"家"的焦灼：无名氏存在主义的生命关怀

一、离"家"者说

1934年4月1日,刚满17岁的无名氏,悄悄地打点好行李,毅然决然地投进暮色,踏上了肉体和精神流浪的人生之旅。这一离家出走的事件,无论从哪个角度看,都堪称是无名氏人生中的"经典"性事件。嗣后的岁月中,他曾以各种方式追溯和提及到它,并把这一事件置入浓笔重彩的艺术描绘中。[1]

尽管离家出走是无名氏人生的突出事件,并蕴含了他人生以后发展的一些萌芽性因素,但我们更感兴趣的是无名氏对离家出走动因的阐述,而且越是高度理性化的解释——哪怕是经过艺术修饰的解释——越能提供无名氏思想深处的信息。进一步说,如果据此与中国现代小说中为数众多的离家出走的情节加以比较的话,可以发现,无名氏和其他作家——尤其是巴金的《家》——对同一事件赋予了大相径庭的意义,而其中的差别极有可能传递出无名氏思想的重要关注面。

从实际生活来说,无名氏与巴金都以冲出家庭的束缚的举动作为自己步入青春的仪式,并且同样都把这一亲身经历诉诸了文学的艺术表现。表面的差别只是,《家》把这一事件置放在了尾声,而无名氏的《野兽、野兽、野兽》则把这一事件置放在开端。当然,这样的说法表面上看似乎并没有太大的意义。然而当我们换一种角度来设问——如果这相同的事件被艺术地置入作品的不同部位代表着作者的不同考虑时,或者说,结束和开端可能代表着作家给出答案和提出问题时——面貌便完全不同了。

某种程度上可以说,巴金笔下的觉慧以离家出走的方式表示了他对"家"的叛逆——但在小说《家》中却具有终结的性质;无名氏的系列长篇《无名书》主人公印蒂同样以离家出走的方式表示了他对"家"的叛逆——但这只意味着一种开始的性质。这样看来,两者所蕴含的性质确实是不同的。这让我们想到,五四时期易卜生的著名话剧《玩偶之家》在中国大受欢迎,主人公娜拉以反抗的黑夜出奔结束了该剧。这也应该算是一种圆满的艺术结局了,但鲁迅却大煞风景地追问道:"娜拉走后怎样?"人生事态的严峻意味一下被煎逼出来,由此写出著名的《娜拉走后怎样》一文。事件的意义有时正是在追问中生成的。

无名氏的印蒂在巴金的觉慧的行动终结处开始了行动。印蒂既接续了觉慧的人生,但又深化了觉慧的人生。或者,无名氏和巴金在不同的文化观念上导演了对"家"的不同变奏。考虑到"家"的性质在中国现代文学主题中具有显然需要加引号标识的社会性意义,对上述发生在两个作家间的同一事件的比较便是一桩具有意义的工作。

在中国传统文化体系中,"家"是一个重要范畴,它以血缘人伦为纽带,但其内涵又远远超出普通血缘人伦"家庭"的范围。据许慎《说文解字》,"家"意为"处也。从宀"。清代大儒段玉裁注:"此篆本意乃豕之处也。""家"(篆文作"宀")意为"交覆深屋也",就是四面覆盖屋顶的房子,"豕"是小猪,"家"的意思是供放着小猪的大屋子。这可以从两个方面来理解:首先,这表明"家"是人类生存的物质居所;其次,在人类进入文明社会后,"家"的含义愈来愈演化为一种精神终极物——人类对精神家园的依赖。因而,同样本质的是,从文化学的角度考察"家",则供放着小猪的大屋子亦即祭祖的宗庙。这样看来,"家"意指部族宗庙之所在,进而成为宗法制度的象征,并演化为宗法社会的"国—家"一体化观念。因而,"中国社会制度的根本是家族制度的政治化。一部中国历史,就是一部家族统治的兴衰史。朝代的更替仅仅表现在个别家族统治的交替,它并不影响作为中国传统社会基础的以血缘关系为纽带的家族制度——作为象征秩序的'家'的存在。"[2]从文化的意义上看,在传统中国文化中的"家""国"观念具有不可剥离的内在同构关系:"家"乃小国,"国"乃大家。推而广之,"家"成了中国传统文化的寄生之所。从而,在文学创作中赋予"家"什么意义,体现作者与"家"什么样的关系模式,实际上寓含了作者的思想关注点。

简要地说,巴金的《家》描写的是四川成都一个封建官僚大家庭的罪恶、专制及其衰败覆亡的过程。巴金原打算在《家》中写一个旧式大家庭的衰败的历史,但写了六章之后,他所挚爱的长兄自杀,这给他很大刺激,把自己所感受到的黑暗社会的压迫和对其的反抗情绪,集中向旧家庭发泄,"虚构"了一桩桩血案,更加义无反顾地攻击专制主义。作者的思想批判锋芒由此在作品中直指社会,"家"联系着社会并微缩了社会的影像。作者毫不隐讳地表示,他要藉这部小说"向一个垂死的制度叫出我的'我控诉'。"[3]从"家"到社会,巴金根本没有觉得其间需要转一个弯子,而读者也似乎没有为此烦过神。这说明五四开启的新文学传统,"家"与社会已经被凝固了潜在但直接的符指关系。由此,贯穿作品的主人公觉慧对家族专制黑暗的揭露、抨击和反抗等行动,无不灌注了远远超过家庭性质的社会意义。在巴金的思想视域中,"家"的符号能指与传统文化中"国"的内容所指,经过巧妙的下意识的主观但符合社会化语境的置换而组合在了一起。换言之,表面层次上,《家》展示了"家"的种种罪恶腐败及其反抗;深层次上,《家》象征和反映了封建制度的腐败没落。毋庸置疑地,这使《家》对"家"的批判指控实际上矛头直指黑暗的社会现实和社会制度。实际上,在五四新文学的主题符库中,"家"几乎成了一个一再受到指控和批判的对象,仿佛任何罪恶都是通过与"家"的共谋而形成的。概括地说,鲁迅的小说在这方面开了先河,不论是《狂人日记》还是《故乡》,不论是《祝福》还是《肥皂》,也不论是《伤逝》还是《离婚》,笼罩在"家"之上的都是令人压抑窒闷的阴云,充斥"家"中的都是扼杀人性的场景和阴谋。在冰心的《斯人独憔悴》里,这种情况同样如此。以后到了曹禺的《雷雨》和《北京人》那里,家更成了罪恶的渊薮和应该受到诅咒的恶魔,"家"逼迫得每一个人都恨不能从其中逃走。最后,似乎只有毁灭"家"才可以超度"家"中的芸芸众生。——所以当一声炸雷响起的时候,《雷雨》中和《雷雨》外的"家"遭到无情的解体是毫不奇怪的。

单纯从伦理上说,作为社会最小细胞的"家"本应是人类最温情脉脉的封闭空间,是血缘中爱的直接体现者。事实也正是如此:当中国现代文学史上那些"家"的叛逆者们,对"家"大加鞭挞的时候,具有讽刺意味的是,他们中的许多人正是靠"家"的慷慨物质施舍才维持了那份文化批判的勇气。从任何一部传记中都可以看到,巴金作为小少爷的幼年生活是富足的,他的祖父对他也是充满怜爱的(而并非《家》中高老太爷那副凶神阴鸷相);当巴金冲出自己憎恨的"家"以后,不论是在国内还是浪迹法国,寂寞中的精神追求都是靠他不屑正眼相视的远方的"家"的源源不断的经济支持维持的;艾青这位唱出了与自己地主家庭决裂的《大堰河——我的保姆》的歌手,也是靠自己诅咒的家庭的接济维持了在法国的求学生涯。惊人相似的是,一旦这种接济中断的时候,也就自然成了他们放飞的精神翅膀折断之时。从伦理上说,"家"谈不上施虐于他们,是他们自己放逐了"家"、背叛了"家"——他们是真正意义上的"家"的"孽子"。这与五四时期赋予"家"的负面的文化含义显然密切相关。同时,在"五四"那一代及过来人的作品中既典型又千篇一律的是,离家出走构成了最高意义上的反抗,仿佛这场大逃亡的胜利结局是预定且必然圆满的。

但对于无名氏来说,情况发生了根本性变化。《野兽、野兽、野兽》的情节开端可以近似地看作是对《家》的不自然延伸。在巴金认为应该是结束的地方,无名氏的思想却刚刚起步。答案在这里转化为问题。而且,无名氏笔下印蒂的叛逆性离家出走的缘起,显示了与觉慧截然不同的品格,他的离家出走不是文化的因素造成的,更多的属于哲学上的原因——源于生命的自觉及其对异化环境的抗争。在这里,生命的内在问题成为首要的关注点。无名氏笔下的印蒂出走前的精神状况是这样的:"好几个月以来,我的精神就感到一种神秘的威胁。它日益滋长,使我无法再继续目前生活。"突然有一天,"那沉睡在黑暗心灵中的'我',第一次睁开眼睛,从漫长噩梦中醒来。这个'我'第一次决定开始要做它的躯壳的主人。"自我意识的觉醒让印蒂感受到了自己原来生活的异化面目:"我发觉它(学校)只是一种枷锁,除给我不必要的沉重与囚锢外,再没有别的意义。在枷锁阴影下,我必得变成一具器械,专为适应每天那些铃声、钟声、升旗、早操而反应的器械。……此外,在社会里,我觉得一切社会活动只是假面跳舞会,人所见只是面具,所摸到的是面具,所获得的是面具,所要求的,也是面具。"于是他不能忍受这种"失真"的生活,便开始了既是"逃避"又是追求的旅途:"我整个灵魂只有一个要求:'必须去找,找,找!走遍地角天涯去找! ——找一个东西!'这个'东西'是什么?我不清楚。正因不知道,我才必须去找,我只盲目的感觉,这是生命中最可贵的'东西'。"[4]"对于这个'人',家庭只是一个锁链,他摆脱了以后,绝不会再套上。他对这一锁链是否效忠,他保有绝对的自由。"[5]对"家"的叛逆在无名氏这里被赋予了存在意义的阐述,他笔下人物对家的背叛不是因为"家"中的封建文化因素对人的摧残,而是"家"及周围的环境对生长中的人性的压抑和限制;他笔下的人物不像他们的前辈那样用逃离作为对社会的抗争,而是以逃离作为对自我人性复归的手段。这种情形毋庸置疑地彰显了无名氏存在主义者的生动面貌。

二、存在的焦灼

存在主义(Existentialism)一词源自晚期拉丁语 exisitentia(意为存在、生存、实存),又译为生存主义或实存主义。"存在主义"这个概念最初由德国哲学家海涅曼用来指海德格尔《存在与时间》一书的内容。现在用来概括从海德格尔开始的把个人的存在当作全部哲学的基础与出发点的现代非理性主义哲学。这一流派的哲学把分析个人"存在"的本体论结构作为哲学研究的主要对象,并认为只有在畏惧、焦虑、绝望等非理性的生命体验中才能真正领会存在的意义。通俗一点讲,存在主义哲学是一种对个体的存在加以切身的体验和描述,力求揭示个体的存在结构并努力赋予个体生命的意义的哲学思潮。通常它触及"存在"、"虚无"、"自由"、"焦虑"、"时间"、"死亡"等与生命相关的关键性概念,而对这些概念的体验、理解和阐释,就构成了歧义颇多的存在主义哲学思想。但总的来说,正像法国存在主义哲学家萨特的一本小书的题目——《存在主义是一种人道主义》——那样,它是一种人道(人文)主义哲学思想。

应该说,西方现代存在主义哲学思潮并没有在中国现代文学史的阈定时段内得到流行并产生广泛影响。现代文坛对存在主义的介绍仅见孙晋三写的《所谓存在主义》一文。[6]但这并不能抹煞中国现代文学中存在的存在主义的复杂因素,在现代文学的开山大纛鲁迅身上就麇集了深刻的存在主义成分,[7]无名氏思想中的存在主义特色体现得更为突出和系统。让人诧异的是,德国存在主义哲学家海岱格(现通译海德格尔)及其名著《论时间与无》(现通译《存在与时间》),西班牙存在主义哲学家、作家乌那木纳(现通译乌纳穆诺)及其小说《沉默的窟》都赫然出现于无名氏的字里行间,而他们的思想被全面译成中文并在社会上流行还是在20世纪80年代中叶的事,即离开无名氏写下这些字眼的四十年后。[8]指出这一点也许还不足以说明问题的全部。实际上,无名氏以他特有的敏感气质和对人生形而上意义的浓厚兴趣,早就在存在主义的先驱人物尼采和柏格森——尤其是后者——的思想中捕捉和发展了存在主义思想。

美国著名学者威廉·巴雷特在描述存在主义与柏格森的姻亲关系时说:"柏格森的形象,确乎是任何现代存在哲学的历史素描中不可缺少的。没有柏格森的话,存在主义者推理思维的整个环境就会改观了。坚持肯定抽象的思考不足以把握丰富的经验,坚决肯定时间的紧要而无法化解的真实性,并且——恐怕到头来这算最具有意义的洞察力了——坚决肯定自然科学计量方法所无法测度的心灵生活的内在深度，应推柏格森为第一人；就凭他揭示了这几点，存在主义者应该十分感谢他。"[9]柏格森与存在主义的直接联系在存在主义大师萨特身上表现得也非常明显，正是柏氏的影响之下，萨特在巴黎高等师范学校写的第一篇论文就是以"绵延"为题的。他自述：正是在读了柏格森的有关著作之后，"我对自己说，'哲学真了不起'。真理是从天上降落到人间，而这种技巧——哲学，就是要使更多的真理从天上降到人间。"[10]

尼采是无名氏崇敬的对象，他将尼采的格言——"发了要在自身以外创造些什么的愿而后死的人，我爱他！"——放置案头，并怀着同样偏执的情绪把尼采晚年焦灼而疯癫的生活片断加工进了短篇《崩颓》；法国哲学家柏格森的生命哲学更是他表现得熟稔的内容。

柏氏在中国现代思想的发展过程中曾经发生了重要的和持续性的影响，其"生命哲学"在五四前就被译介到中国。1913年，《东方杂志》第10卷第1号，刊登了钱智修的文章《现今两大哲学家学说概略》，这是近代中国最早介绍柏格森思想的文字，对柏格森哲学发生的背景进行了论述："近年以来，欧美各国，咸感物质文明之流梏，而亟思救正，故哲学家之持论，亦一更常轨。历史派与实验派之说，渐成腐臭；而直觉说与唯灵说，乃代之而兴。"文章认为："布格逊（即柏格森）、郁根（即倭铿）……今年二人连翩入美，迭在著名大学开会讲演，其学说之流播益广"。对于柏格森哲学的具体内容，转译了美国人阿博德（Lyman Abbott）的文章。阿博德说："布格逊之哲学，可谓之进步哲学（The Philosophy of Progress），郁根之哲学可谓之唯神哲学（The Philosophy of the Spiritual Life），然其以生活为灵魂上之经验，以自由进步为主旨，而一反机械论与宿命论之旧说，则二氏相同"。

1914年，《东方杂志》第11卷第4号发表了钱智修的另一篇文章《布格逊哲学说之批评》。作者以极为欣赏的语调赞叹道，柏格森的学说，"于救治物质文明之流梏，鼓励人类之向上心，足称万金良药。"这篇文章对于柏格森哲学的介绍也是转译的，原作者是美国的菩洛斯,原文的标题为《灵魂之先知人》。

《东方杂志》是旧中国创刊最早,发行最久的大型综合性杂志之一,上述两篇文章可以认为是近代中国最早介绍柏格森思想的代表作。它们足以表明:第一,当时中国的知识界人士已注意到,柏格森哲学的出现,是西方19世纪末20世纪初的思想转折的一个标志;第二,当时介绍柏格森哲学,是出于对近代中国学习西方的道路的反省。认为西方近代以来追求物质文明,造成了各种弊端,中国步西方之后尘,同样是忽略了人生的精神生活,因而要采用柏格森这一"救治物质文明之流梏,鼓励人类之向上心"的"万金良药"。但总的说来,在"五四"新文化运动前,柏格森哲学还没有引起中国思想界的广泛注意。

1919年9月20日下午,美国实用主义哲学家杜威在北京大学演讲,从此开始了在中国的五大演讲。在这五大讲演中有一个名为"现代的三个哲学家"的讲演。这三个哲学家是詹姆士、柏格森和罗素。在杜威讲演之后,柏格森哲学日渐为中国社会思想界所重视。杜威的"五大讲演"不仅登载于当时的报刊,并且汇集成书,到1921年杜威归国之前,已出到第10版了。柏格森的名字和思想自然就在很多中国人的脑海里留下了印象。

在当时中国形成的"柏格森热"的背景下,商务印书馆在1919年11月出版了由日文编译的著作《近代思想史》。此书第14章为"柏格森之直观哲学",各节标题如下:

第一节　柏格森之人物

第二节　意识之本质

第三节　纯粹连续(即"绵延"——笔者)

第四节　记忆与创造

第五节　有机体与无机体

第六节　知觉与直观

第七节　意识与物质与生命

第八节　创造的进化

第九节　知识与本能

第十节　柏格森与杰姆斯（即"詹姆士"——笔者）

从各节标题可以看出，与《东方杂志》最初介绍柏格森的文章相比，本书对于柏格森思想的介绍已经比较全面深入。与此同时，国内刊物上介绍和研究柏格森的文章也有了长足的增加。

《新青年》的创刊宣言——《敬告青年》一文，在高昂激越的激进文字间两次提及柏格森的名字。《新潮》杂志在 1920 年出版的《1920 年世界名著》专号上，刊登了冯友兰的《评柏格森的〈心力〉》一文，介绍了柏格森在 1919 年刚出版的这本著作。1921 年年初出版的《民铎》第 2 卷第 4 号，登有李石岑的文章《现代哲学杂评》，其中不仅介绍了柏格森的思想，而且刊载了柏氏的动态："近阅柏格森致梁任公电，谓 1923 年决定来华。"1921 年 8 月创刊的《哲学杂志》，在创刊号上发表了吴康的《柏格森哲学》。1921 年 8 月出版的《改造》3 卷 12 期上，刊登了张君劢的《法国哲学家柏格森谈话记》。1923 年 12 月出版的《民铎》杂志的第 3 卷第 1 号出了《柏格森专号》。

这期《柏格森专号》的出版，表明柏格森的思想已在中国思想界产生了比较大的影响。这表现在两方面：第一，这些文章反映了中国思想界对于柏格森及其思想有了比较全面的了解。正如蔡元培在两年以后评论这期《柏格森专号》的内容时说：有叙述柏格森生平的，有译述柏格森论著的，有与佛学相比较的，有论述和批评柏格森思想的，还有柏格森著述及关于研究柏格森的参考书的介绍，"这可算是最周密的介绍法"。[11]第二，这些文章的作者中，有相当一部分是在当时和以后的中国思想界发生过一定影响，甚至是比较大的影响的，如李石岑、张东荪、张君劢、梁漱溟、冯友兰、范寿康、吕澂、蔡元培等。

在 1919 年以后，柏格森的著作也相继被翻译成中文出版——《形而上学序论》，杨正宇译，商务印书馆 1921 年出版；《心力》，胡国钰译，商务印书馆 1923 年出版；《时间和自由意志》，潘梓年译，商务印书馆 1927 年出版；《笑之研究》（即《笑》），张闻天译，商务印书馆 1933 年出版。

大体上可以说,柏格森的思想在第二次国内战争前已经基本上被介绍到中国来了。柏氏的"生命哲学"对中国现代思想文化界产生了很大影响。时间的生命性意义是柏格森生命哲学的重要内容,他最先以惊世骇俗的声音,将时间的生命性质凸显出来,并上升为哲学的首要问题。

"生命冲动"这个概念是柏氏"生命哲学"的核心概念。这是一个兼具心理学、生理学,且与通常"生命"概念不同的概念。它既是一种"纯情绪性的心理状态",也是一种不断变化着的运动状态,同时又是一种创造进化的自由意志。从它的延续性方面,柏氏称它为"绵延"(duration),或称作"真正的时间"。所谓"真正的时间",与通常理解的物理时间不同。柏格森认识到,机械的时间严格说并不是生命存在意义上的时间,它只是用钟表来衡量的一连串不连贯的时刻。而"真正的时间"被我们的直接经验所把握,应该是意识对"绵延"的直觉,"对意识的内在情况的理解基本上就是对时间的理解,但这时间不再是数学的时间,而是超出任何一种衡量或划分或过去、现在和将来的真正时间。时间是绵延或者是把它自身理解为与自身相等同又理解为在无限的时间中,现在、过去以及未来的展现都统一于精神的表象之中。"[12]这种时间观,质言之,就是生命延续性在意识中的相应状态。

西方传统的时间观认为时间是不真实的,即时间是非本质的、现象界的东西,是不起任何作用的测量尺度或填充框架。而柏格森的时间观基本可以概括在"时间是真实的"这句话里。这里的"真实性"不仅指时间是一个创造的或生成的无限过程,更为重要的则是为说明时间不是假象,也不是现象,更不是外在于"实在"的框架,而是"实在"本身的内在的、根本性的东西,是一个真实的、实实在在的过程。

一般认为,意识是一种主观性的东西,是非本源性的、派生性的,因而在一定意义上是"非真实的"过程。既然绵延为意识性的,那么它也就是"第二性的"、"非实在的"。然而,柏格森却没有得出上述结论,他既反对唯物论:视意识为物质的派生物的学说;也不赞成唯心论:把一切都归于观念或概念的组合的学说。物质或概念的存在是不真实的,那么,真实的存在是什么呢? 柏格森认为是绵延。真正的实在、事物的内在本质是那绵延不绝的流动过程,是一个无限的创新过程,其中的一切相互渗透、相互影响、不分彼此。这是一种意识的或心理的存在,是绝对的东西;而物质、空间、纯一的时间不过是一种逻辑或数学的存在,是相对的。前者为真、为本,后者为虚,为对前者的知性截取。

西方传统哲学认为静属于本质界,动属于现象界,近代哲学主张固定的、静止的本质或规律更为根本,它们实际都主张静比动先,静是更根本性的东西,而柏格森却认为,动先于静,动比静更为根本,实在中并不存在静,静只是知性思维对动的截波取流,如果没有可动性、运动这一"波"和"流",知性也就没有了可以截取的东西,当然也就没有了静。

由于运动不过是绵延的表达者,动的根本性意味着绵延的根本性,意味着意识或心理存在的根本性,意味着时间比空间或空间化的时间更为根本、更为真实。

可以看出,柏格森对真正时间和抽象时间的区分也是对时间与空间的区分。他的时间理论不仅把时间从"时空一体"中分离出来,而且把时间置于高于空间的位置:空间只是思维把握的一种景象,而时间则是事物内在的本质。柏格森不仅把时间实体化,而且将其本体化了。

存在主义者认为柏格森的哲学总是围着人转,而没有触及人本身。可是认真揣摩柏氏哲学却不难发现,柏格森变革时间观念的目的并不是单纯为了构建一种宇宙论,而是为阐释人的独特本质——人才是柏氏哲学的主题。柏格森时间观的创新之处不仅在于他把时间与空间分离开来,视时间为无限的创造之流,而且在于他对时间作了"人学"的理解,对人作了时间性的理解,使人与时间建立了内在的本质的联系,易言之,"只有时间才是构成生命的本质要素。"[13]此处的"生命"正是指人:柏格森用以引出上述结论的所有论据都是关于人的,如其他论述一样,他的绵延的主体或承载者不是非生命,也不是动物或植物,而是"我们"、"自我"。对柏格森而言,时间只归属于有意识的存在,人是时间性存在。柏格森认为,人作为一种时间性存在并不是直接显现出来的,直接显现出来的人是非时间性的,这样,人便有了两种自我:表层自我(空间化的自我)和深层自我(时间化的自我)。

尽管存有种种缺陷,尽管没有给出充足的论据,但柏格森对传统时间观的批判是切中要害的,其时间观的根本性结论也不乏大胆、创新和合理。在时间观念史上,他第一次把时间与空间分开,进而使时间与人相联,视时间为人的本质和独特存在方式,如此为现代人关注人的时间性存在开了先河——正是在柏格森的启示下,海德格尔才写出了他的著名的存在主义著作《存在与时间》;柏格森区分了两种时间,在把绵延归为真正时间的同时,也肯定了"绝对时间"存在的价值,时间因而走向"多样化";他在把真正时间归属于人的同时,进而强调真正时间为一个无限的创造过程,所有这些均为高扬人之主观能动性和自由意志、为拯救本质主义淹没了的人和人的个性,为凸显人的内心生活提供了强有力的支持,为现代哲学和科学的发展给出了有益的启示。柏格森是时间观念史上划时代的人物,也是西方哲学史划时代的人物,他的时间观念并不是对传统时间观的个别修正,而是全面的更新。经由时间问题,柏格森旨在破除传统思维方式,意欲确立的是一种新的思维方式。传统思维的核心观念是"一切既定",而新思维方式的核心观念是一切将成或不断生成,无限的创造即是不断生成的过程。[14]

可以推断,正是通过生命——时间的津梁,无名氏完成了向存在主义的跨越。且看这一过程:

无名氏的思考在形式上是和柏氏观点极为吻合的,他写道:"生命的延续性,我们看不见,听不见,它是时间的观念化。什么是时间,我们不知道,也说不清,更不能直接地看或听。但我们确实感到时间的存在。我们所以感觉,是我们意识到它。没有时间的宇宙或生命,是不可思议不可想象的。"[15]时间与生命的联系怎样才是本质的呢？他认为："时间的存在，部分靠人类的观念或意识的映证。这种映证的观念或意识是怎么一回事？不得不从心理学方面求解决。换言之，不能不从生物学上求出路。时间的存在，一部分必需从生物本身去研究。"[16]"时间虽是一种超观念的必然存在，但又不可脱离人的思维与意识的映证。"[17]"要解决时间问题：须解决意识问题。意识，思维感应，一切居于脑神经活动范围的事，不得不求诸生物学和心理学。这是一个有机的问题，不是数学符号所能解决。"[18]

存在主义哲学的源头在巴雷特著名的《非理性的人》一书中被追溯到古希腊哲学，美国学者考夫曼在其编著的《存在主义》一书中也说，"存在主义不是一种哲学，只是一个标签，它标志着反抗传统哲学的种种逆流"；"存在主义是一种每个时代的人都有的感觉，在历史上我们随处都可以辨认出来，但只在现代它才凝结而为一种坚定的抗议和主张"。它是对人的存在意义的进一步追问的产物。按照存在主义哲学的观点，人是完全偶然地"被抛入"到这个世界上的，当他赤裸裸地来到这个世界时，他与其他生命并没有什么不同。但重要的是，人作为一种特殊的生命具有难以限定其发展的自由意志，犹如尼采所说，"人是一种可能性的动物"。从这个意义上来说，人始终如"赫尔库勒斯站在十字路口"。因此他能够而且必须进行选择。选择是敞向未来的，从而未来的时间对个体存在来说具有重要意义，而且是决定性的意义。同时，人在向未来的行进中绝不是永无止境的，而是面对着赫然敞开的死亡之门，死亡终将剥夺人的生命选择的权利。看起来死亡是生命的一种否定性的消极因素，但一般来说，存在主义哲学赋予它同样不可替代的能动意义。因为如若没有死亡，人的存在似乎具有永远延宕在初始被抛状态的可能。

法国存在主义哲学家萨特有一句名言："存在先于本质"。即生命的个体存在只有在进行能动选择行为中才具有意义。他认为，存在分为两种类型：一种是自在的存在，或者说，是一种与其自身相符合的存在,因而它自身是僵死的、已逝的、封闭的,已经结束了的,等等;一种是自为的存在,即意识,它是通过虚无化的自在把虚无引进存在的一种活动过程。"其实自为不是别的,而只是自在的完全虚无化。"[19]按照海德格尔的观点,生命个体存在分为本真性存在和沉沦性存在,这与萨特的自为性存在和自在性存在相仿佛。而存在主义哲学的要义正是要将人的存在从自在或沉沦状态中启蒙和解救出来。

无名氏《无名书》第一卷《野兽、野兽、野兽》"楔子"的三段文字是由极为芜杂的思想、酣畅的生命狂想、粗暴的语言形式以及按捺不住的艺术创造冲动所组成的,展示的是无名氏对生命存在结构的总体性认识,因而是了解无名氏生命思想的一把钥匙。为了尽可能真切完整地认识和了解无名氏的思想原貌,我们在此不得不以大段摘录:

一

……四千万万万团太阳在燃烧,宇宙永远是一场大火灾。火灾避难空间一片辉煌星斗。……星色烨炜,星气氤氲,星群寂寞。星云在狂逃,一秒钟七千哩,要冲出去,冲出宇宙。冲出寂寞的宇宙。逃呀!冲呀!一股热气从太阳里喷出来了,一些碎块黏起来了。这大黏块滚动了。啊!好一个大球。美丽的球!可爱的球!球上有花有树,蝴蝶翩飞,云雀啭唱。一批批馋嘴猴子上树摘果子了。突然天昏地暗,一阵地壳变动,喜马拉雅山忽而高耸了,平原分成两半了。风刮到山北,把地面水吸尽了。嘉树凋枯,猴子们悲哀的跳下树了。但前面两脚攀缘惯了,摘惯果子了,它们在地上坐惯了,再不能爬了,只好悲哀的直立了。啊!悲哀的直立。伟大的直立。这是勇敢的象征?这是面临现实的起点。啊!来了!来了!海埕尔堡人来了!披尔德唐人来了!罗台西亚人来了!震旦人来了!……啊!第一朵火升起来了。人自己能创造温暖了,人自己能造光造亮了,火再不是天上专利品了。一些冬季的傍晚,有火的夜晚,他们躺在火边,一片旺热烘围着金棕色胴体。他们头枕斧形石锛,一手拿弯凿形的石刻刀,吃着刀齿虎、毛犀,和麝牛肉,喝狼血、狮子骨髓、豹子脑汁,搭一些无花果浆。火沉醉了他们。火光里,他们中的一个突然坐起来,望火沉思,静静静静的沉思。这是一张严肃而有点痛苦的脸。这样一张奇怪面孔,他们当中从没有出现过。他的同伴们全抖颤起来了……一片片乐曲飞过去,飞过去,飞过去。一千二百万人的血,三十年的泪,五百万吨的金字塔巍竖起来了。……科西嘉的黑蛮子带千军万马冲来了。那黑蛮子剑头遥指金字塔,在马上狂喊:"兵士们!四千年历史看着你们!冲啊!冲啊!往阿拉伯冲!往印度冲!往东方冲!冲呀!冲呀!冲呀!"这个黑蛮子变成凡尔赛皇宫的主人了。全欧洲颤栗了。……一个新妖怪在欧洲出现了。那个犹太大胡子又在台上对工人大叫"剩余价值了"。梅特涅决定与这新妖怪搏斗。但上帝拍拍梅特涅的肩膀:"先生,你太老了。你可以休息了。"梅特涅被上帝找去做伴了。但千千万万大大小小梅特涅像雨后蘑菇似地长出来。他们要打杀这妖怪。妖怪却冲入克里姆林宫了。……一片片乐曲飞过去,飞过去,飞过去。啊,这是一具描金花金叶的自鸣钟,这是一只古旧的德国钟。它背十字架似地贴立在壁上,散发中古教堂的沉重气味。它永远叹息,叹息,叹息。可它也有它的戏法。……在同一声"滴达"里,为什么喷泉似地,全世界各角落喷出千万种泡沫?千万个镜头?千万张画面?为什么这千万朵泡沫,不是千万颗珍珠,由一根银线贯穿,又整齐?又安静?又能随时收入口袋内?为什么园囿中遍开五颜六色的花?有的爱在早上怒放苞蕾,有的爱在晚上普散芳香,有的血红得像红海落日,有的苍白得像西班牙女尼,有的爱随太阳转头,有的爱躲在阴暗角落,有的遍山遍野漫开,有的千年只开一次,有的像琉璃灯,有的似蝴蝶?……一片片乐曲飞过去,飞过去,飞过去。桥下水在流。这是一个好太阳日子,天真美,一个女工来洗衣服。多煞风景呀,大好流水洗尿布!洗吧,洗吧,我不怕!我永远干净!桥下水在流。一个孩子在水边跳着,唱着;他唱"咪咪小白猫";又唱:"啊!流水,流水,你往哪里流?你为什么老流不累?流不老?流吧!流吧!把我流到你所流的地方去吧!"桥下水在流。这个年轻绅士打扮得好英俊标致。他斜倚栏杆。他看水。他的脸孔红红的。他的眸子带梦的颜色,他浑身发出梦味。他猛然转头了,他突然笑了,一个少女金凤蝴蝶似的向他扑过来了。桥下水在流。今天桥下多寂寞。行人真少。他们都到哪里去了?啊!桥那边大饭店里,华格纳《结婚进行曲》正在鸣奏,他们都去看热闹了。桥下水在流。是秋天了。多冷的雨!多乌的夜!多凄迷的秋味!桥那边一个行人来了。他脸上刻划皱纹。他孤独的踽踽的走着。他的眼睛忧郁得像墓窟。他彷徨于桥上。他的长长寂寂的影子拖在昏黄灯光里。桥下水在流。一个老头子枯坐水边,默默不语,凝视水中倒映的白须白发。流水心里好笑:"咳,老头子,你为什么冷冷望我?你以为我不认识你吗?八十年前,我给你洗过尿布。我又听你唱过'咪咪小白猫',我看过你梦样的眼睛,我听过你的华格纳进行曲,我见过你彷徨的影子,我……"流水不再说了。那边教堂响起萧邦丧曲了。老头子忽然没有了。……一阕阕乐曲飞过去,飞过去,飞过去。蔷薇花红了,啊,孟德尔松。大地要溶化了,啊,贝多芬。树叶子变成黄蝴蝶了,啊,萧邦。炉火呢喃了,啊,巴哈。雪静静落了,啊,巴哈。不朽的对位法,啊,巴哈。伟大的"意大利音乐会曲",啊,巴哈。乐曲在奔,在驰,在飞舞;从宗教的飞到浪漫的,从古典的飞到现代的,从莫扎特飞到唐尼采,从海顿飞到狄勃西。……音乐照亮黑暗了。音乐照亮灵魂了。音乐剥掉太阳红光了。音乐抹掉天空蓝色了。龙涎香在流。埃维尼亚在流。风信子是催眠的。情感变成巴库油田了。没有时间。没有空间。没有宇宙。没有永恒。没有刹那。没有过渡。没有眼泪。没有悲哀。没有欢笑。上帝来了。魔鬼来了。敌人来了。钟声响了。一只孔雀。一片天鹅翅膀，一团火……大神……奥林匹斯山……解放……啊，原来是你：生命！

二

一种膨胀球体式的无穷无尽的扩展。

这一扩展没有颜色，没有姿态，没有开始，没有终结，没有东南西北，没有上下前后。不能想象它的声音和静默。不能想象它的形态和虚无。说它是一种"膨胀球体式"，只是一种无可奈何的淡描，一种最熹微幽糊的"仿佛"，它应该是一种面积，却是面积的抽象化、空灵化；它是一种不以空间为内容的面积，不以实体为对象的"占据"。这"扩展"只是一种最勉强不过的"性"，只可想象不可捉摸感触的"态"。说它是一种"扩展"，这只是"说"，它真实的涵意几乎百分之九十九与这一"说"无关，我们只能藉这一"说"强抓住百分之一的真实。……我们不妨进一步说，这一扩展是一种介于空间与绝对虚无之间的神秘存在物。它比空间稍稍轻一点，却又比绝对虚无略重一点。

就在这种神秘的扩展的"海"中，不知何时起，有几千万万团火焰旋转着，每一团火比亚洲大三百万倍以上。但在这伟大的"海"中，每一团火焰渺小得只像太平洋上一只胡蜂，孤独伶仃的飞旋着。这些火焰的唯一特点只是旋转，旋转，旋转，旋转，旋转，旋转，……。不知何时起，从这几万万团火中，偶然飞进出一缕雪茄形的气态丝。接着，丝中一段断了，它独自旋转不已，飞翔不已，飞到一个不可想象的辽远部分，神秘的"扩展"中的一部分，它烟消火灭，变成一又冷又硬的果子。像轴轮，这果子自旋，前进，围绕着它最初的根源——那团火焰。旋转中，果子的表皮层上，渐渐出现形象和实体：河流、海洋、冰川、泥沙、黏板岩、页岩、水成岩、石墨、……旋转中，它的表皮层上，渐渐显出放射虫、三叶虫、海蝎、大凤尾草、大苔藓、圆锥形树、无显花植物，……。

旋转中,渐渐又呈现蜥蜴、火蛇、飞油虫、二尺多长翅膀的蜻蜓、不能织网的蜘蛛,……。旋转中,渐渐又裸展雷龙、弯曲龙、梁龙、无翼水鸟、无法兽、猴豕、恐角兽、麒麟驼、四牙象、刀齿虎,……。旋转中,终于出现直立猿——人。

……

不知何时起,不知何地起,在一种不可想象的原因和状态中,从那无极无限的虚无,竟蓦然燃烧起一团伟大的火焰:太阳!火焰的母亲既是虚无,人的母亲的母亲又是火焰,人的最终母亲也该是虚无:无始无终无极无限的虚无。从虚无中,突然燃烧起火焰,火焰一团飞逬的碎片,又忽然冷冻,冷冻中又突然出现人,因此,人是从虚无中爬出来的。

虚无变火,火变冰,冰变人。人爬出虚无,先藏在火里,旋藏于冰,最后由冰内爬出来,开始扮演各种角色,从阿米巴演到蜥蜴、杯形龙,又扮到三角龙、巨齿羊,又演到象、猴,最后才演一个最伟大的角色——人。

……

究竟有没有一个安排生命万象的最终魔术师呢?假如有,他究竟具有怎样一种伟大的形体?伟大的声音?伟大的动态?这种伟大,我们究竟该藉多少万个伟大诗人,才能想象得尽?描绘得尽?假如没有,这一套魔术式的安排,是否仍会有秩序无终结的继续搬演下去?而在人以外,是否还有一些比人伟大千万倍的观众?

目前,这最终魔术师,我们只能称它虚无。一切生命全由虚无中涌出。可是,这虚无究竟又是什么?一切火焰光华和生命万象的母亲是虚无。但虚无的母亲呢?空气不是虚无,因为它有反应;空间不是虚无,因为它无形而有性。绝对真空的虚无无反应,无形,无色,无态,也无性。无有,也无无。假如虚无只是无有,而非无无,换言之,就是有无。有无的虚无是虚有,非绝对真空的虚无。如果这个虚无本非绝对真空,那么,这个无也只是有的一种类性，在这种有和无之外，可能没有他们的母体，也可能有母体。如若虚无有母体，她是在有和无的类性以内？还是在类性以外？它是联系于时空范畴以内，还是超然时空？一种绝对真空的、无任何"有"也无任何"无"的、无时间性也无空间性的存在，究竟有没有？抑这种存在只能存在于我们观念和想象中？究竟万象以后的虚无以及一切虚无的母体是一种实质存在？还是观念存在？它们究竟是一种实体安排？还是一种想象安排？

在"智慧"的海边，人从未了解过海，正像一只小贝壳从未了解过它。越离人最近，越是人成天成夜感受的、实用的，人越未了解过。人自以为是的那点了解，多分是一种夸大和虚伪。人整年整月谈论时间、探究它，研谈探究了四五千年，到现在还没有摸到时间一根汗毛，看到时间一根毫发。时间不是钟表，不是指针，不是月圆和月缺，不是日出和日落，不是青春和衰老，这一切的形象和变化只是时间魔术的表现，魔术表现并不就是魔术师自己，正像变戏法者叫空箱变白鹅，但空箱和白鹅不能代表变戏法者。我们感受到无穷绵延和变化，但我们却无法了解这绵延体。我们成天活在时间里，整天谈它、说它、利用它，甚至写到它，但我们却一辈子从没有见到嗅到或摸到它的真形真影。我们只具有一片绵延意识，但这意识是人的精神结晶，神经的产物，这结晶与产物都不能代表时间。时间既不是观念，是一片物质体么？这物质体是什么样子呢？有什么气味呢？时间难道也像一条腊肠一样，可以包裹起来么？近代科学大师说时空不只是一种主观的知觉方式，也是物质世界的真实特性，并以一九一九年的一次日蚀证明。但一种存在丝毫不能感觉却又有特性，那么，这是一种怎样存在呢？特性是否能与可感觉体分开呢？有没有一种不可感觉的存在物（迹近虚无）能产生特性呢？是不是有一种可知而不可感的存在物呢？

……在这样苍茫的无边幻海上，偶然出现一条桥的形像——时间。在时间浮桥上,有时偶然也出现一点蠕动体,但不久一阵狂风冲过,桥毁物灭,所有蠕动生命全给海浪卷没。这些生命,毫无声色的灭亡了。在不知道多少万万次的搭桥中,有一次,这浮桥搭得稍稍久一点,并且,桥上蠕动的生命也显得异样点,他们凭桥栏看朦胧海景,观赏得特别长久。观看时,他们有一个和过去其他蠕动生命不同的特征是:他们看着看着,会嚎啕痛哭、会轻轻流泪、会幽幽啜泣、会大笑、苦笑、微笑。除了哭、笑,他们也会在桥上吵闹、打架、杀戮、拥抱,互吻。他们把历次哭笑、吵打、杀戮和抱吻,用一种符号记录下来,此之谓"历史"。这历史的第一页第一个字是"人……";就这样,他们就在哭笑、杀戮和抱吻中,渐渐忘记桥下大海,以及海上曾卷刮过无数万万万次的暴风。

于是,一种叫做"人"的动物,站在时间浮桥上看朦胧海景,终于产生一点想象而抒情的"海景记"之类。在"海景记"上,他们常常有这样的错觉和错误记载,说:"在时间大海上,历史搭着浮桥,人站在桥上看朦胧海景,……"

三

一千九百二十年,初夏左右,在 N 大城的 S 师范学校,发生一则类似石子投湖的小小事件:一个学生,在该校和它的附小前后读过十二年,临毕业前一月,突然失踪了。

……

这个失踪者叫印蒂,平素品学兼优,沉重稳健,很博师长和同学的好感。他的失踪,显然不是因为神经病、疯狂、堕落,或犯罪。也不可能是被绑架。他家道虽然丰裕,但也还不够被绑的资格。他走了,悄悄走了,事先未向任何师长和同学打招呼,事后也未留下一封解释信。好在此学校素来不太严格,学生来踪去迹,当局从不负责任。家长把子弟送来,似乎也从不要求后者严格负责。印蒂失踪后,他的家长也没有再来深究,训导主任认为是一种退学经家庭默认的,因而也懒得再往下追查。就这样,像大森林中偶落一片树叶,这个年轻学生被一阵神秘风轻轻卷走了,毫无一点痕迹。他的同班,大部分正忙着准备毕业考试,并不太注意此事。少数和他要好的同学,最初几天,不断谈论他,怀着无限好奇、惋惜,但日子一久,他在他们记忆中的脸轮廓,也就渐淡下去,由模糊而消灭了。这以后,他们偶然提起他,像提及一种太古时代羊齿植物如苏铁羊齿之类,觉得异常辽远和迷茫。

……

"好几个月以来,我的精神就感到一种神秘威胁。它日益滋长,使我无法再继续目前生活。长久考虑后,我决定变换一种生活方式,离开这里,到另外地带去。

"我所感受的威胁是什么? 我无法详细描画。我所能说的是:我现在的精神状态非常严重。我整个灵魂只有一个要求:'必须去找,找,找! 走遍地角天涯去找! ——找一个东西!'这个'东西'是什么? 我不清楚。正因不知道,我才必须去找。我只盲目的感觉,这是生命中最可贵的'东西',甚至比生命本身还重要的'东西'。"

在"楔子"的第一段中无名氏从天体物理的演化、人类历史的演进以及音乐旋律的变幻,文学性地展示了生命的存在乃是时间之流连缀成的历史碎片;在"楔子"的第二段中,无名氏通过激烈的思辩,认为生命是浑然伟漠的混沌虚无中偶然冒出的气泡,只不过偶然地站在无限时间的长桥的栏杆边,组成了一道意外的风景。随即在第三段颇有深意地引出了主人公印蒂求索存在意义的出走远行。这无疑用艺术化的形式演示了一遍"存在先于本质"的思想。印蒂的精神觉醒其实就是个体存在从"沉沦性"的存在向本真的存在挪移的开始。海德格尔认为,沉沦性的生命具体存在"首先与通常寓于它所烦忙的'世界'。这种'混迹于……'多半有消失在常人的公众意见中这一特性。此在(生命个体的具体存在——笔者)首先总已从它自身脱落、即从本身的能自己存在脱落而沉沦于'世界',……我们曾称为此在之非本真状态的东西,现在通过对沉沦的阐释而获得了更细致的规定。但非本真或不是本真绝不意味着'真正不是',仿佛此在随着这种存在样式就根本失落了它的存在似的。非本真状态殊不是指像不再在世这一类情况,倒恰恰是指构成一种别具一格的在世,这种在世的存在完全被'世界'以及被他人在常人中的共同此在所攫获。"[20]生命的沉沦状态也就是自我意识被遮蔽的异化状态,印蒂出走的情形正是如此。生命被外在环境所抑压和囚禁,"像兽笼的一些栅栏,锁禁我那头心兽。我必得在这些栅栏的冷酷阴影下,过一种单细胞式的纯粹'反应'生活。"我的心需要自由,但所得的却是捆绑及绳索。"[21]生命在自在中扼杀了其潜能,"他们自己并不是主体"。依照海德格尔的观点,人的存在是那种存在——它"与人自身相关"。于是人与其他存在分开了,人关心自身的存在,为自己的真实存在抗争,并且在抗争中理解他的存在。纵观印蒂离家出走的事件并体味作者给予这一过程的详尽的分析解剖,我们会发现,这是一份地道的存在主义的个人化档案。

在无名氏的作品中,"生命"、"自由"、"存在"等词语的使用频率是非常高的,而这种语言习惯无疑指向他对生命存在的真正关怀。这种关怀又通过他笔下的主人公的历尽艰辛的"寻找"而得到生动体现。认识到所处世界的虚无与荒诞,然而仍然力图在这个世界中找到人生的意义,这是存在主义的典型态度,也是西方存在主义文学中的普遍风貌。如卡夫卡的《审判》与《城堡》等。

存在主义哲学尽管都拒绝对人的存在的本质做出承诺,但骨子里却都潜含着这种人本主义欲望。而且如果脱离了对存在的终极意义的叩问,那么,存在主义哲学对人的存在的讨论可能就不会有像现在这样的蛊惑人的理论魅力。正如另一位存在主义哲学家赫舍尔所说:"人的存在从来就不是纯粹的存在;它总是牵涉到意义。意义的向度(dimension)是做人所固有的,正如空间的向度对于恒星和石头来说是固有的一样。正像人占有空间位置一样,他在可以被称作意义的向度中也占据位置。人甚至在尚未认识到意义之前就同意义有牵连。他可能创造意义,也可能破坏意义;但他不能脱离意义。对意义的关注,即全部创造性活动的目的,不是自我输入的,它是人的存在的必然性。"[22]印蒂的离家出走正是对生命意义诱惑的巨大回应:"生命"——"正是上面那两个字,雷雨似的向他呼喊,把他引诱出学校、家庭、朋友群,投入一个陌生地域。"[23]就人物与无名氏经历和思想的同质关系说,无名氏也可以说由此踏上了寻找生命意义的旅途。

三、时间之于生命的能动意义

柏格森生命哲学对时间的生命性相("绵延")的揭示,实际上叩开了存在主义哲学的大门,而无名氏也就由此登入了存在主义哲学的堂奥。但时间在生命存在的结构中到底处于什么地位呢? 触及这个问题实际上也就触及了时间与生命本质的内在相关性,也反映了时间的存在主义哲学意义。首先,时间既是一种存在的外在度量,又体现为一种存在的内在节律,人的存在只有在时间的流程中才能通过选择获得意义,亦即人的时间性存在赋予了人展开的无限可能性。中国古语有"后生可畏"之说,之所以如此,乃意味着当时间提供给一个人足够多的可能性时,你便不能以目前的情况定夺他未来发展的可能性。其次,人的时间性存在,意味着人是一种有限性的存在,时间既赋予生命以可能,但每个人都无可避免地会遭遇大限的到来。缘于此,便挑起了人生命的莫名焦虑,同时也可能压迫人更负责地对待自己的生活。无名氏笔下的印蒂的悟道生活的极致正是对"时间"的本质之悟:"在他最峻邃的思想深处,在这伟大的宇宙空间深处,在这五千仞上,终于他认清这个字,这个'它'——时间!!"(参阅《无名书》第五部——《开花在星云以外》)把时间和人的本质相统一作为存在的最高境界,不论是中国的哲学还是中国的文学,这都是一个值得关注的拓展。

就上面第一个方面来说,生命的个体存在显示了一种面向未来的意义,将来时态对生命具有本质性的作用。因而不论是在海德格尔,还是在萨特和雅斯贝斯那里,对将来都给予了特别的重视,将之视为是第一性的。之所以如此,是因为"人决不是,但总要去是"。生命的自由意志总表现为一种时间前倾的超越努力。因而,海德格尔把将来视为存在的需要优先考虑的因素。萨特认为:"依存在者看来,一个人如果无法予以限定,那是因为人在开始的时候还没有成为什么。只是到了后来,他才成了某种东西,他才把自己创造成他所要成为的东西。因此,就无所谓人的天性,因为没有上帝来给予它一个概念。他之所以赤裸裸并不是他自己所想象的,而是他是他自己所意欲的——他跃进存在之后,他才意欲自己成为什么东西。"[24]雅斯贝斯以另一种方式表达了差不多同样的意思:"人是不能在他本身的基础上被了解的,当我们面对'人之存在'时,'彼'(the other)也被展露出来了,透过这个'彼',人才存在。因为人在作为可能存在时,那便是'超越性'。"[25]从无名氏对他笔下人物印蒂不停地向未来求索的人生行为所持的激赏态度来说,他对生命的未来走向是充满期待的。任何生命体验对于印蒂来说都不过是求索终极意义的驿站。常人当然不可理解,印蒂和瞿萦的两性关系是那么美满,然而在瞿萦皈依了他之后,他却陷入虚无的惶惑中,听凭远方"钟声"的诱惑,毅然踏上人生苦旅。此种情况令很多读者不解,甚至一些批评家们对此也时有微辞。但他们有所不知,印蒂乃生命的精灵,无名氏从他的思想和艺术中放飞他,是为了让他通过不断的自我选择,去"印证生命的根蒂"的。印蒂人生的六次寻找的转折,从其外在生活的情状看是不自然的,现实根据似乎是不足的。从政治到爱情,从爱情到堕落,从堕落到自我拯救……他是一个光为"寻找"而活着的人。但印蒂的频繁寻找活动从其生命内在渴望的终极意义来看,又是合理的,自然的。意义的尺度只能存在于生命的时间展开中。印蒂的以寻找为标志的活动是不会满足于各种目前状况的,而这一点连《金色的蛇夜》中的高级交际花莎卡罗都敏锐地察觉了。与此相反,无名氏又在《无名书》中塑造了一个生活于"过去"中的人物,考古学家杜古泉,通过这个人物,无名氏明显表示了对生命的"过去"性质的否定。这个杜古泉是一个"过去"的依恋者——"我所以喜欢埃及,也正因为它代表一种伟大的'过去'。只有在'过去'里面,人才能产生熟旧感。也只有在熟旧感中,才有一种古老的甜意。一切事物,只有变成'过去',不再看见了,才能产生一种古旧的美。"[26]"人类的真正财产只是'过去'。所有真理中最真的,是历史,一个真正爱生活的人,也应该爱过去。"[27]这是一个完全生活在凝固于死亡的"过去"中的人物,无名氏将之树立为印蒂生命价值观的对立面,寓有浓重的悖时意味。但等到在《创世纪大菩提》里杜古泉临终时,却以他的忏悔告白了"过去"的荒唐。显然,无名氏生命中的时间观,是以对未来的瞩望和追求作为着眼点的。这与存在主义哲学是投合无间的。

　　而就上面的第二个方面讲,人可以说是一种面向死亡的存在。意识到这一点,焦虑便油然而生。海德格尔认为,时间意识构成了存在内在焦虑的根源,我们的确知道时间,这是因为我们知道我们的要死。如果没有对我们的固有一死的强烈意识,时间将不过是钟表的运动,我们逆来顺受地注视着,计算着它的前进——一种没有人类意义的运动。严格地讲,人处在时间当中,并不像浸泡在匆匆逝去的河水里的东西;相反,时间在人之中,与生命共绵延。[28]焦虑是一种状态,在这种状态中,一个存在者能意识到他自己可能有的非存在。或者说,焦虑是从存在角度对非存在的认识。《海艳》中的冼美绣的死亡,便是无名氏对这种非存在之于存在焦虑性状的一个揭示,"死亡,以它的阴风刮着,尖锐的割削她,好像不是从外面世界来,而是从她躯体核心处涌现。""这是生命被嘲笑的时刻,也是最被玩弄的时刻"。这种生动细致的文学描写既是文学的,也是哲学的。

　　时间内在于生命,寓指两方面内容:一指生命与时间共逝,二指生命通过对时间的直觉,本质性地感受到存在的有限性。因而,时间是真正意义上的生命丧钟。悟及于此,生命便会涌起一种恐惧,这个恐惧来自时间之矢的飞逝中蕴含着一种目的论的对生命的最终剥夺,这是每个生命的难逃劫数。时间意识的本质是对生命有限性的体认，即死亡的不可避免。缘于此，海德格尔将"存在"生动地描述为"向死的存在"，美国著名学者巴雷特据此将海德格尔存在主义哲学精当地概括为"死亡哲学"。

严格地讲，上述观点不过是把一桩俗常的生命事实袒露而已。说出真理并不复杂，但显然需要直面人生的勇气。其实，死亡尽管是一种生命的横在面前的否定力量，但它也可能成为一种激发生命力的能动力量。有限的时间感可以唤起人们生存的紧迫感，从而逼迫我们认真地对生活进行"选择"，使我们的生活成为更本真的生活。海德格尔把这个选择称作"向死的自由"或"决断"，萨特将之称为"选择"。想一想无名氏笔下的印蒂的出走及其不停息的人生寻找，莫名的生命骚动和自觉的"决断"意识，这一切构成了"人在旅途"的生动图画。

托尔斯泰对死亡也体验至深，他曾对高尔基说："如果一个人已经学会了思想，那么不管他可能思考什么，他都总是在思考他自己的死亡。所有的哲学家也都是如此。如果有死亡的话，还能有什么真理呢？"对死亡的恐惧使托尔斯泰晚年把死亡、生存、生存与死亡的关系变成了小说创作的重要主题之一，以小说的形式探讨生死问题也成为晚年托尔斯泰的一大特色。短篇小说《伊凡·伊里奇之死》就是有代表性的一例。小说描写一个中等文官伊凡·伊里奇的生活遭遇。他活了四十五岁，一生都按照社会的需要明智地作出选择，愉快而体面地生活，最终做到了高等审判厅委员。然而一件小事在两个月以后却要了他的命。这两个月里，死亡频频敲击他的大门，让他惊骇，提请他注意。开头他很不习惯：因为他在学校里学过三段论：人都是要死的，恺撒是人，所以恺撒也要死。他认为这个推论完全正确，"但仅仅适用于恺撒，而绝不适用于他。那是指恺撒这个人，一般的人，因此是完全正确的；但他既不是恺撒，也不是一般的人，他乃是一个从来都有别于所有其他人的完全特殊的人。……恺撒是的确要死的，他也应当死，但是对于我，对于万尼亚（伊凡的小名），对于有情感有思想的伊凡·伊里奇，这就是另一回事了。我也要死，这是绝不可能的。这简直太可怕了。他的感受就是如此"。他试图逐个唤出另一些想法来取代死亡的想法，回到过去轻松愉快地生活时的旧思路上去。他想靠办公把死的想法压下去。他到法院去，照老习惯开庭，但他肋下的疼痛毫不理会审判的进程，开始隐隐作痛起来。托尔斯泰写道："伊凡·伊里奇注视着，极力不去想它，但是它却在继续作祟，它又来了，伫立在他面前，瞧着他，于是他大惊失色，眼睛里的光熄灭了，他又开始问自己："难道只有它才是真实的吗?"托尔斯泰用一个加了着重号的"它"指代死亡，"它"成了主人公难以摆脱的东西。"而最糟糕的是，它之所以引起他对它的注意，并不是为了想叫他做什么事，而仅仅是为了叫他看着它，正视它，什么事也别做地看着它，并忍受难以形容的痛苦"。他使尽浑身解数也无济于事。最后，"他走进书房，躺了下来。他又和它单独待在一起了。他与它四目对视，但却拿它无可奈何。他只能望着它，不寒而栗"。死神那令人惊恐的形象突然闯入并彻底搅扰了伊凡·伊里奇的生活，他无可逃避地被迫同死神呆在一起。与死神为伴使伊凡·伊里奇具有了一双与从前不同的眼睛，在这双新的眼睛里，他自己从前的生活不再有先前那种令人满意的面貌，而呈现出完全不同的外观。死亡逼使他走向孤独，并从孤独中重新认识自己和他人的生活。在死亡面前他回归了本真的人生状态。

德国哲学家雅斯贝尔斯曾把面对死亡的处境称为一种"极限处境"，身临极限处境的人会得到通常情况下难以得到的认识。伊凡·伊里奇就堕入了死亡这一"极限处境"，因而他获得了常人难以了解的有关生死之谜的认识。托尔斯泰通过伊凡·伊里奇的独特遭遇向我们逼真地显示了死亡体验与生死之谜的关系。

无名氏对生死也堪称了悟。他深有体验地揭示说："假如一个人永远活着，不死，其实也是一种极大的惩罚。自然已经叫我们习惯于错综的变化，有白日，也有黑夜。假如永远只是白日，或永远只是黑夜，我们都不会感觉舒服。一个人永不死，他就不再珍惜生，……因此我们必须有死；经过这一改变，我们才能蜕化为新的生命。"

"一切征服死的方法都是勉强的,只有从自然蜕变中去了解死,从而接受自然的启示,实践这一启示,这样,死的被征服才是自然的、智慧的。"[29]

无名氏写下这段沉思的时候是 1946 年的某月,有趣的是,他对死亡的豁悟及这一认识对死亡具有重要的人生能动作用的精微揭示,甚至成了遥远法兰西存在主义思想的异域回声。1947 年,法国存在主义哲学家、萨特的终身伴侣西蒙娜·德·波伏瓦发表长篇小说《人无不死》,讲的是一个长生不死者福斯卡的漫长的人生经历。他因为吞服了长生药水,而希望干一番永世的业绩。他经历了许多重要的历史事件,目睹了社会的变迁。然而因为他的永生,他的生存变成了一桩永无解脱的苦役,他也被人类视为异类。他由此感受到了深刻的孤独:"人们都相信未来,可是我没有未来,我不相信未来。""明天对我来说毫无意义。"所谓长生,因为不死而变得没有意义。从这里不难理解,死亡既是生命的极限,同时也意味着生命的界限。生命的完满不是通过无限的获得所能拥有,恰恰因为生命拥有死亡才获得了圆满。中国老话"盖棺论定"可谓切中肯綮。

时间感或生命感,只有因为死亡的存在而有实质性意义,从这个意义上说,死亡是生命力开展的驱动性力量,无名氏就此频频向死亡明送秋波。他认为,死亡"使生命能产生适当的分量",因而"我们应该爱惜死,正像爱惜落日一样。一个以睡眠为习惯的人,也应该以死为习惯。了解这种习惯,才能了解生命的美丽。穿过死亡的阴影,我们才能看见生命的强烈光芒。死的阴影是一种必要的装饰。有它,生命才能显出鲜明的轮廓。因为只有'这一点点'(即生命的时间有限性——笔者),我们才爱惜,假如我们有了无穷无尽,我们不再会珍贵。泥土到处都是,人很少重视。黄金难寻,人这才爱它。由于死的影响,生命才能由泥土变成黄金。"[30]无名氏对死由彻悟进而为死大唱赞歌了:"生命应该有死,死是一个神秘幻景,只有它的衬托,才把生命显得美丽且可贵。一个人假如能活一万年,那么,今天人类的种种思想或习惯一定要完全改变,而改变以后,万岁人也许反而羡慕今天的百岁人了。"[31]

无名氏是个生命的时间感很强的人，这也表现在他的焦灼的使命感上。早在 20 世纪 40 年代，他就在自己的书桌前贴上了尼采的格言："发了要在自身以外创造些什么的愿而后死的人，我爱他"！以此自励。他又曾自述："生命中最可贵的是生命本身。假如我有一分一寸生命未用在最深沉最有意义的场合，这就是我最大的损失"。[32]在理论上他表述道："时间虽只是生命的符号，但当我们找不到别的更好的象征时，我们只能拿时间当作生命的最高象征，并且将这一象征现实化。因此，一个人对时间的感觉越敏锐，他的生命感也越强。只有拿时间一分一秒来计算的人，他的生命力才能飞跃到最高度"。[33]时间的紧迫感同时也是生命焦灼感的另一种表达，存在的虚无化处境只有通过选择化活动的填充才具有饱满的意义，寻找和创造正是对此的能动姿态，无名氏通过印蒂叫嚣道："我们是自己生活的创造者，每一瞬间都是一种创造"，"我们每个人都只有一次生命，因而必须有所选择"。[34]在《野兽、野兽、野兽》的结尾，这种情况被灌注到元气淋漓的呼喊中："生命是上帝式的创造！永远不断的创造！创造！创造！到大海去创造！到炼火中去创造！到地狱里去征服！到喜马拉雅山不朽巨峰顶去创造！创造！创造！追求！战斗！征服！创造！创造的大欢喜与大沉醉！生命在大追求里！生命在大战斗里！生命在大征服里！生命在大创造里！……"

作为作家的无名氏，显然没有将他的存在主义思想仅仅停留在抽象玄思中，甚至在某种意义上这些思想成果实际上正是为了他创作长篇巨制《无名书》所写的准备性札记。而它的大部分观念都被渗透和贯彻进他的《无名书》的创作过程中了。除了在印蒂的浮士德式的追求中，我们感受到生命焦灼展开的意味外，无名氏还生动传神地将这些思想观念镶嵌进了整部作品的众多人物的生命里。

《金色的蛇夜》里的高级妓女、充满魔魅力量的莎卡罗过着奢侈糜烂的腐化生活，醉生梦死地挥霍着生命的元素，在玩弄和被玩弄、空虚和深刻中，施行着对社会的报复，消磨着日子。然而有一天，当她在穿衣镜中猛然瞥见发丝中一根闪亮的白发时,一下被这"死亡大使"的莅临而惊呆了。人的外在生活有时会使人遗忘生命的时间钟摆,但它无法取消这内在节奏的晃动,并且让人无可逃避地直面它的存在,对它俯首称臣。此刻她才真正认识到:"这并不只是形体的偶然小小变形,这是一种预言,一个象征。"由此,莎卡罗对自己的过往生活开始了反省,并决心过一种自我选择的生活,终于遁入空门。生命方式的激变乃是时间对生命形态干预的结果。当莎卡罗由一根白发领悟到生命的无可挽回的陨落时,她也就由此领悟了生命的本质。

无名氏在《无名书》中描写了不少由生入死的生命临界情形。其笔墨之细微,体验之强烈,表现了无名氏在这个问题上的思想盘桓之久。死亡被无名氏视为一桩人生大事,人们面对这种根本性场面,所涌起的生命面貌往往是本真的。这一点无名氏在《死的岩层》中关于左狮的临终过程的描写是有代表性的。左狮原来是共产党的基层领导人,对革命忠贞不渝、意志坚定,但思想简单、作风粗暴。他对政治的关心远甚于对人的存在的关心。这也是印蒂与他分手的重要原因。左狮以后受党指派加入缅甸远征军,经历了惨绝人寰的"野人山"大溃退。在死亡线上挣扎过来的左狮,思想发生了巨大变化。面对死亡的存在所显示的纯粹的人性内容让他对以往的狭隘的政治原则和信条发生了深刻的怀疑,进而抛弃了政治偏见,吁求对生命的信仰。左狮临终前的大段病榻演说和由生入死的细致过程,无名氏对此的艺术分寸是否把握处理适度,这是大可怀疑的。但无名氏通过死亡事件想赋予人的存在巨大作用的意图是显而易见的。

现在我们可以说,无名氏是中国现代文学史上一个具有比较完全意义的存在主义作家,此种完全性的意义标志着他独占鳌头的地位。但如果据此认为这种哲学化的人生关怀内容在中国现代文学中没有同调,那也不符合事实。生命的存在主义式的关怀也鲜明体现在鲁迅的身上。[35]尽管本书因主题的关系而不能详论鲁迅存在主义的方方面面,但比较一下鲁迅散文诗剧《过客》和无名氏《无名书》第二卷《海艳》中的一个细节,仍然会对此有所启发。《海艳》在描写了印蒂与瞿萦的爱情达到美满的巅峰时,印蒂突然陷入极度的空虚中,闻听到"在远远远远远的地方,有什么钟在轻轻敲……"这个奇异的音响神秘渺远,"是这样神秘复杂,而又极富诱惑性,绝不像这个世界的声音。它是另一个世界的音籁。这种声音,人只要听见一次,就永远听见了。正像11年前,他第一次听见它一样。那时候,它召唤他,引诱他抛弃一切,全心全意跟它去,此刻,它好像作着同样的勾引"。这种神秘焦灼的声音对人的催逼作用那么大,以至人不得不在它的怂恿下不顾一切地向前驱驰。最后印蒂逃离了甜蜜的伊甸园,再次踏上征程。毫无疑问,这美学意义上的音响效果不能停留在反映现实生活的层面上来认识。在无名氏的思想中,它是生命形而上意义的一部分,并深刻象征了人们生存处境的关键时刻。如果把它理解为存在主义的生命内在时钟的嘀嗒声,或者生命终极意义对人的感召,那不会有太大的问题。

这种奇异焦灼的声音在鲁迅1925年创作的散文诗剧《过客》中同样迷人地奏响。"过客"是一个不知从哪里来,也不知到哪里去的人生跋涉者。只知道来到这个世界就行走在旅途上。在他疲惫小憩的时候,他承受着老翁和少女的殷勤好意,刚想歇息一下,蓦然远方隐隐传来一种奇异的声音,焦灼逼人,让过客陡然警醒。他谢绝老少二人的好意,执意地闯进墓地,向着"坟那边"的世界走去。这个声音看似虚幻,以致被庸俗地诠解,但从它对过客和先前的老翁的警策作用看,却实在导源于人的内在的生命要求——一种觉醒了的自觉的求索欲望,它应该是人对生命意义的终极关怀产生的求索焦虑。寓含着存在对自身的超越性体认。[36]显然,鲁迅和无名氏的旨趣在这里是相似乃尔的。

如果要问存在主义思想出现在中国现代文学的创作中具有什么样的意义,那么,它首先表现了一种全新的生命思想经过近代的民族危机而渗入国人的生命意识中,它是五四开启的人的文学的启蒙运动中的最富有意义的成果之一。尽管这一成果因为政治危机和民族危机而备显冷落,但它对生命存在的卓有成效的探讨无疑具有长久的价值。我们的民族文化对于生命个体的存在似乎从来没有给予足够的关心,存在主义思想及其进入文学,应当是对这种缺失的一个举足轻重的历史性弥补。周作人八十多年前在《人的文学》中的话语依然是令人回味的:"中国讲到这类问题,却须从头做起,人的问题,从来未经解决,女人少儿更不必说了。如今第一步先从人说起,生了四千余年,现在却还讲人的意义,从新要发见'人',去'辟人荒',也是可笑的事。但老了再学,总比不学该胜一筹罢。"

注 释

[1] 无名氏在手书《年谱》中表示,《无名书》系列长篇的主人公印蒂的离家出走经过乃是对他本人经历的"写照"。

[2] 李军:《"家"的寓言》,作家出版社,1996年,第17页。

[3]《〈家〉后记》,人民文学出版社,1962年。

[4] 参阅《野兽、野兽、野兽》,第15~22页。

[5] 参阅《野兽、野兽、野兽》,第276页。

[6] 1947年12月《文讯》第7卷第6期。

[7] 参阅赵江滨:《论鲁迅的现代主义文化特征》,《鲁迅研究月刊》1997年第5期。

[8]《金色的蛇夜》续集,第255、317页分别提及海岱格(现译为海德格尔),第329页提及乌那木纳(现译为乌诺穆诺)。

[9] 威廉·巴雷特:《非理性的人》,商务印书馆,1995年,第13页。

[10] 转引自陈卫平、施志伟:《生命的冲动》,上海三联书店,1988年,第209页。

[11]《蔡元培哲学论著》,河北人民出版社,1985年,第284页。

[12] [法]约瑟夫·祁雅理:《20世纪法国思潮》,商务印书馆,1987年,第22页。

[13] 柏格森:《创造进化论》,湖南人民出版社,1989年,第8页。

[14] 参阅李文阁、王金宝:《生命冲动——重读柏格森》,四川人民出版社,1998年,第89~98页。

[15]《淡水鱼冥思》,第126页。

[16]《淡水鱼冥思》,第127页。

[17]《淡水鱼冥思》,第127页。

［18］《淡水鱼冥思》,第 128 页。

［19］转引自约瑟夫·祁雅理：《20 世纪法国思潮》,商务印书馆,1987 年,第 103 页。

［20］［德］海德格尔：《存在与时间》,北京三联书店,1987 年,第 213 页。

［21］《野兽、野兽、野兽》,第 22 页。

［22］［美］赫舍尔：《人是谁》,贵州人民出版社,1994 年,第 46～47 页。

［23］《野兽、野兽、野兽》,第 18 页。

［24］［法］萨特：《存在主义是一种人道主义》,商务印书馆,1988 年,第 8 页。

［25］［德］雅斯贝斯：《关于我的哲学》,见［美］考夫曼编著：《存在主义》,商务印书馆,1987 年,第 155 页。

［26］《海艳》,第 61 页。

［27］《海艳》,第 63 页。

［28］参阅《存在与时间》第一部第二篇"此在与时间性",北京三联书店,1987 年。

［29］《淡水鱼冥思》,第 147 页。

［30］《淡水鱼冥思》,第 162 页。

［31］《淡水鱼冥思》,第 197 页。

［32］无名氏：《年谱》,未刊。

［33］《淡水鱼冥思》,第 139 页。

［34］《野兽、野兽、野兽》,第 358 页。

［35］参阅［美］林毓生：《中国意识的危机》,贵州人民出版社,1988 年,第 263～269 页。

［36］参阅赵江滨：《生命,坟及坟的那一边》,《徐州师范学院学报》1994 年第 4 期。

第四章 语言乌托邦：无名氏现代主义的文学关怀

一、无名氏现代主义文学身份的确认

自从无名氏从神秘的景况浮出中国现代文学史的地表后，对其文学身份的界定就提上文学史家们的议事日程。严家炎先生在其《中国现代小说流派史》中将无名氏与徐讦一并列入"后期浪漫派"的名下，马良春等主编的《中国现代文学思潮史》一仍其后。之所以把"浪漫"冠于无名氏的头上，严家炎先生的根据有两个：一个是对青少年时期阅读无名氏作品直觉经验的追溯；另外一个是对台港文学史家关于无名氏简短论点的小小整合。

香港文学史家李辉英在其《中国现代文学史》中认为，无名氏的两部中篇《北极风情画》、《塔里的女人》是对《徐讦》《荒谬的英法海峡》和《鬼恋》的仿效，……这类小说表现的同样都是作者近乎怪诞的幻想，标奇立异给人以刺激、以陶醉"。[1]台湾学者周锦在其《中国新文学史》中也用同样的口吻表达了同一的意思。而且两人在把无名氏送入"浪漫"的行列中时，均采取了贬斥性的判断，无名氏充其量也只能沦为"浪漫"的末流——颓废者流。

当然，随着学术界对无名氏其人及其作品的重视和探讨的深入，不同的观点也被提出。孔范今在其《论中国现代小说发展中的后期现代派》一文中，对无名氏的"后期浪漫派"文学身份持有异议，认为现代主义的文学品格才是其恰如其分的文学史面貌。因而他将无名氏标定为中国现代文学史上的"后期现代派"作家。[2]另外，陈思和主张无名氏属"消极浪漫派"，吴福辉认定他为"后期海派"，朱德发持

"新浪漫派"之论等。与此相联系,对无名氏创作方法的认识也不一致。有的论者认为无名氏小说属于现代派小说,其哲学依据是存在主义,逻辑起点是反思现实、厌恶政治和否认理性,艺术原则是"为生命而艺术"。有的论者认为无名氏小说综合生命哲学和存在主义哲学从而构成一个以"自我"的"寻找"和"超越"为核心内容的综合性人生哲学命题,并将之与宗教相结合,具有鲜明的现代主义属性。[3]

此类歧议揭示了无名氏创作内蕴复杂性的一角。实际上,当人们将无名氏列入"后期浪漫派"的行列中时,心理也不是非常踏实的,马良春先生主编的《中国现代文学思潮史》中的这段话就表现了人们对无名氏等人创作面目的敏锐体察:"他们的创作不完全是现实主义,也不是典型的浪漫主义。他们进行一种文化探求,找寻现实和未来的契合点,勘测由此岸到彼岸的良津。他们重视抒情,不作冷静的叙述"。[4]严家炎先生尽管给无名氏戴了一个浪漫的帽子,但终究发现,"无名氏的语言和意象已开始受到现代派的影响"。[5]

无名氏的文学史面貌摇摆于浪漫派和现代派之间。为了有效识别无名氏文学创作的性质,有必要先廓清一下文学创作中的"浪漫主义"与"现代主义"的概念内涵。这是两个充满弹性和歧见的概念。我们这里根据在西方有较大影响的、由英国著名学者罗格·富勒(Roger Fowler)主编的《现代批评术语辞典》简单释义。它认为:"浪漫主义最重要的特征在于它致力于寻求内心的想象与外在的经验之间的和谐,这种和谐是通过'比作家本身所具有的创造力还要大的创造力'表现出来的,'因为后者包含了前者'(弗莱)。浪漫主义的另一重要特征是能够完成这种综合想象的能力,以及建立在'人和自然与上帝之间是彼此相连的'(威勒克)这一认识之上的,并通过综合想象而形成的幻像"。[6]而现代主义"这种文学艺术以试验性为其特征,形式复杂,表达简略,既富于创造性,又具有破坏性。它一方面强调艺术家必须摆脱现实主义、传统体裁和形式的束缚,另一方面重视种种关于文化的启示和观念,同时还将这两者联系起来。按照现代派的观点,艺术家应该是一个未来主义者,他感兴趣的不是保存文化传统,而是继续创造"。"现代主义意味着文学中种种潜藏的势力在兴风作浪,急剧地打破了文学的现实主义表面的平静状态。产生这种变动的原因可能仅仅属于美学性质,也可能在很大程度上和社会有关"。[7]现代主义文学几乎囊括了自象征主义以来的一系列文学运动,诸如表现主义、未来主义、意象派、达达派、超现实主义、意识流小说等等。

比较而言,浪漫主义的内涵相对单纯,基本上涉及创造性的主观想象力的问题,或者如波特莱尔言简意赅指出的那样:"浪漫主义所处的地位恰恰正是既不在于题材的选择,也不在于精确的真理,而是一种感觉的方式。"[8]对于情况远较"浪漫主义"复杂的现代主义,美国著名学者杰姆逊认为,"主要问题是一个表达的问题"。[9]二论确实精微,点到了问题的要害。

由此,浪漫主义和现代主义之间关系的问题转化为从主观感觉到如何表达的关系问题,一眼即可发现,这是一个相互区别但又相互联系的过程。浪漫主义其实是现代主义的先驱,这一点从世界性的文学思潮的演进过程看,同样如此。崇尚自我,高扬非理性的生命大纛,反叛传统,渴望创新,等等,既可以在浪漫主义那里找到知音,也是现代主义的显著征候。事实上,无名氏的具体的文学创作中有浪漫主义和现代主义的双重特质,即他的文学创作一方面具有浓厚的感觉化特点,另一方面又具有挖空心思地寻找如何表达的文体化特征。只不过从创作的阶段性上考察,以《塔里的女人》和《北极风情画》为代表的前期创作,主观抒情的感觉方式比较突出;而以六大卷《无名书》为代表的后期创作,汇聚了密集的现代主义的复杂成分,内容涉及深广的人生与社会观念,以语言试验为标志的极具个人特色的文体,既具独一无二的创造性,又呈现令人难以一下适应的生涩感。语言表达的尝试化运用有时将语言的表达功能发挥到了极致。语言向理念扩张的同时,成为理念构筑文化理想的乌托邦代用品。由此组成了无名氏文学创作的语言乌托邦现象。

无名氏文学创作前后期存在的差异已为人们所认识。杨义在

其《中国现代小说史》的相关部分用"浪漫传奇"字样标识无名氏的
两部言情小说,而对其《无名书》则表示是"颇有分量的现代主义巨
著"。[10]进一步考量的话,可以说无名氏的主观气质偏重激情浪漫,
注重感觉,但文学观念却毋庸置疑地浸染了浓厚的现代主义思想。
即使在《塔里的女人》和《北极风情画》的通俗外观和浪漫风情中,眼
光敏锐的学者还是发现了"无名氏究竟不是一般的通俗作家。他还
是在这两个爱情悲剧中加进生命探索的意味,那便是将女性追求的
彻底性、纯粹性,同男性追求的现实性、妥协性做比较,使两种生命形
态发生冲撞。导致美的、执著的生命走向幻灭。于是,通俗故事显现
出并不通俗的主旨"。[11]

在无名氏的创作前期,他创作了许多未完成的片断性小说,如描
写韩国近代不幸历史遭遇及其反抗斗争的《红魔》和《龙窟》,是一个
未完成的长篇的两章。无名氏在这两个片断性的小说中与其说是写
小说,不比说是在训练文字的感觉效果,为感觉寻找定型的文字。实
际上从无名氏创作的早期阶段,他就沉浸在文字本身的魔魇中,文字
的乌托邦也许是他隐隐期许的栖息地。《伽倻》、《狩》、《奔流》、《抒
情》为一个未出版的长篇的四个片断。片断成为无名氏早期创作的
特色,这似乎正象征了感觉的飘忽性特点。此外,作者自己较满意的
短篇《崩颓》,也是一则体验尼采精神面临崩溃的意识片断。

他的早期散文同样是文体的试验场。散文集《火烧的都门》比较
集中地搜罗了他的早期散文。这些作品中的语言似乎根本不是为了
营造经验的客观影像,而是纯乎为了构筑感觉世界的语言大厦。如
下面这些文字段落:

> 落着牛毛雨,清晨暗淡如黄昏,天地俨若临丧,渗透沉郁的
> 情绪。崇山峻岭是天际边的海浪,汹汹涌涌的起伏着,点缀其间
> 的大森林乃成为绿色岛屿。　　　　　　　(《烽火篇·父与子》)

> 每隔卅秒钟,十六英寸口径的野炮总要咆哮一次,排泄着一
> 串串的原始愤怒。从敌人阵地,腾翻起一片片青烟,泛滥着浓烈
> 的硝石气息。轩辕氏的后裔们笑了,轻松的——在电光形的深

壤里。

青色的烟柱不断升起,仓皇的,长长的……烟,烟……

(《烽火篇·烟》)

一根槐蚕的游丝在长长的夏日中长长的拖着,长长的,长长的……

(《梦北平·八》)

像这样的一些文字与其说写景,莫如说传递出的是一种感觉性的文字,想象与体验的色彩很浓,创造力力图实现感觉与经验对象的和谐。这种文字无疑不是那种行云流水般的、一气呵成的。内中熔铸了反复的锤炼、反复的试验后的主观感觉对位。让人通过文字的调试效果而感受到情感的叹息声。

无名氏似乎一辈子都有一种文字的自觉的试验冲动。在他纪念自己创作五十周年时,他仍对文字与生命的神奇关系叹置不已:"符号不止是符号。生命不只是生命。这里面还有另一种接近抽象的色素在,线条在,光彩在,机能在。不只符号在地球上画矩形足迹或舞蹈形迹,是那接近抽象的在画;后者本由符号完成,转来又完成符号。符号和那接近抽象的,不是同时孕生,却同属于万千个时间的大流过程"。[12]语言文字的自我相关性构成了真正意义的语言乌托邦,正如有的海外学者揭示的那样,现代主义时期的"符号和语言让人感到几乎是自动的成分或范畴;参照物的世界、现实、日常生活仍然存在于地平线上,像一团已经收缩了的白矮星,但却被从语言的生活中排除了出去。现代主义正是以不同的形式存在于对这一新奇的、奇特的领域的探索之中。在这一领域中,符号只剩下了指符和意符的结合,似乎有它它自己的一套有机的逻辑"。[13]文字对感觉的逼近,可以成为文学创作浪漫风格的内质,但其极端化的延伸,则有可能导致浪漫内质的瓦解。比如现代主义文学流派中的象征主义和意象派就是将浪漫主义美学推衍到其逻辑终点的结果。而且这种情况本身就意味着某种现代主义倾向的诞生,"在现代主义作品中出现了一种根本向内转的倾向,这与对人的心理的新发现是紧密相关的,甚至可以看作是一种对主观的全新认识的产物"。[14]因此,即使在主观想象占据主导地位时,无名氏的创作中也渗透着现代主义的倾向:小说创作中不再注意传统小说视为天条的故事情节,不再注重现实主义的写实原则,而是彰显感觉体验,并力图灌注一些理性意念。

短篇小说《逝影》是一篇以真实经历为题材的追怀之作。没有完整的故事,只是一些印象的充满情绪色彩的缓慢缀合,透过绸缪的感觉碎片散发着乡土气息的清香,传递出一种恍如昨日的发黄了的旧照片凝固的亲切的惘然意味。但作者无疑不满足于对焦老师的简单怀念,对于焦老师的被害,作者忍不住诉诸思想的动议:"人与人之间的嫉恨竟那么深么? 难道那只像'魔鬼'的足球,永远在某些人的观念草坪上跳来跳么?"短篇《海边的故事》同样是一个生活回忆中的故事片断,谈的是一个朋友在日寇监狱中的囚禁生活。但无名氏的创作旨趣没有把这一事件简单演绎为一件"抗战文艺"作品,通常的民族义愤在作品中变成了作者对人性在非常状态下的特殊体验。正如陀思妥耶夫斯基的艰辛的流放生活,反映在《地下室手记》的文学创作中,没有成为自怨自诉的个人愤懑的宣泄,而是峻冷地上升为超越自我的人性试验和沉思。无名氏曾在《死的岩层》中正确地看到了这一点,通过人物之口,他会心地说:"现在,我有点真正理解杜斯妥也夫斯基(陀思妥耶夫斯基)了,那个坐过五年牢狱铁栏杆的羊痫疯小说家。他所描写的,全是人类的预言。他笔下的人物,都是这一世纪最高也最普遍的典型。"

文学创作能够摒弃庸俗现实主义的侵袭,进入对更深人性内容的关注和揭示,这是无名氏作品的不同流俗的品格,这也无疑体现了无名氏对中国新文学现实主义传统的有价值的偏离。因此,监狱的囚禁生活在无名氏的艺术体验中成了人性对非人性的沉思:犯人的"生活像一架挂钟,一只滑轮,机械得无法再机械。'变化'两个字在他们的字典里永远找不到"。"比较起死刑来,有期徒刑或许是更残酷的。在断头台上、在绞架上、在枪声里,一个人可以在几秒钟内,——最慢在几分钟内,结束一生,终止所有的欢乐与痛苦,但徒刑却是凌迟碎剐,比蜗牛还慢的爬过去。在期待中,一个人的黑发可以变成雪白,也可以自杀尽所有精神上的悟性"。监狱的苦难于此成了人生哲理的孳生地。这与《野兽、野兽、野兽》中印蒂被捕入狱后在严刑拷打的过程中分泌出的大段的思想独白一样。

平心而论,无名氏的生活交际圈是比较狭窄的,这与他的性情有关。他的文学创作素材主要得自这个小圈子的供给,甚至频繁地将自己的生活经历直接充任创作的题材。正像他极端崇信书本知识那样,他对自我的体认是坚信不疑的,他认为:"自我是一个艺术家的最好试验品。真正了解自己,把握自己,也就真正了解全人类,把握全人类"。[15]无名氏似乎并不热衷现实主义所追求的那个广阔的外在的社会生活,对于他来说,自己就是生活,身边就是生活,这一点与胡风所倡导的"到处都是生活"的观点是一致的。因此,阅读无名氏的作品,其中晃动的不是他的身影,便是他的小圈子中的面影。但让人钦佩的是,无名氏的文学创造力总是力图在创作的心理体验中挣脱生活的局限,上达人性内容的天庭。有时这种心理体验对正常心灵的折磨显然超出了常人的心理承受力。如在《崩溃》中对尼采焦虑紧张的精神状态的体验。藉助想象和体验,无名氏演绎了许多生动的故事。体验化的艺术情致是笼罩在无名氏文学创作中的最重要的特征,它的重要性表现在:在没有(亲身)生活的地方,它顽强地展示了生活,它艺术地营造了生活。短篇《露西亚之恋》明显是取材于韩国临时政府光复军参谋长李范奭的生活经历。作品中,无名氏把一群流落异乡的俄国流亡者的爱国忧郁情愫描绘得栩栩如生,有一种忧伤的美丽盈灌其间。也许可以说,无名氏前半生的个人生活基本处于不安定的漂泊状态,加之性格原因,他心灵中的忧郁因素是显而易见的,这差不多成了他心灵状态的底色。在《骑士的忧郁》里,无名氏移情于战马"无前"身上,将战马在绝境中的情状高度人性化,使动物同样获得了令人感叹不已的品格:战马"无前"在一个陡峭的山坡上疾驰,突然马失前蹄,滑下斜坡,这时,"它的最高智慧逼它死搂住壁面的黄土层,它死扒着、死搂着、死抓着","离地约三丈时,马终于支持不住了,作出将要滑失前蹄把一切付诸命运的表示。就在领会死亡将到来的前一秒钟,骑手突然闪电式一挺腰,向马臀部疾倒下去,把重心移向马后身,双手用全力急拖住缰绳,尽全力向上高举着,高举着,……这一扶助动作,刹那间给马似狂风暴雨式的敏悟,它拼出最后危险,孤注一掷,纵身一跃,向地上跳去,竟落在一片平地上——人马无恙"。《日尔曼的忧郁》写一个德国公司驻远东大班的自杀事件,写法上融合了纪实报道与日记的形式,既从外部报道了一桩特殊的死亡事件,又深入死者的内心世界揭示了死亡的原因。从而间接地对法西斯的战争罪行进行了控诉。但无名氏显然摆脱不掉他的思想和文化冲动,在作品的结尾处感慨道:"我们这个时代诚然是一个复杂奇怪的时代,一个谜的时代。千千万万人在解谜,千千万万人在排除矛盾,但只有当代一个最伟大的德国预言家说得最中肯:西方已经开始凋落了,人们应该将视线射到古老的东方来"!

从上所述可以看到,即使在他的创作的前期,其注重感觉的语言化倾向有朴素的浪漫主义气象,但本质上渗透着顽强的文化观念的刻意追求企图,作品的语言内部充满着不稳定的张力因素。这种新的感觉化文学语言的出现,表明了他已摆脱了创作对纯感觉方式的追溯,具有了向如何表达的方式的迈进。这种情况与其说他与浪漫主义接近,毋宁说他与中国现代文学流派中的新感觉派小说更接近,而这一事实确无误地表明了他的现代主义的文学身份。新感觉派是真正在中国现代文学史小说创作领域把现代主义方法向前推进并且形成的独立的小说流派,它崛起流行于 20 世纪 20 年代末期到 30 年代初期,主要代表作家有刘呐鸥、施蛰存、穆时英等人。某种意义上,这个文学流派是在日本新感觉派文学影响下产生的,它的现代主义口号是"可以把表现主义称作我们之父,把达达派称作我们之母"。这个流派的主要艺术特色,是将人的主观感觉、主观印象渗透融合到对象的描写中,既不是对外部现实作单纯的摹写和再现,也不是内心活动的细腻追踪和展示,而是要将感觉外化,创造和表现那种有强烈主观色彩的所谓"新现实"。[16]新感觉同样是无名氏早期作品的鲜明性状,请看下面这段描写:

> 田园的黄昏是甜柔的,阒默的,人行在苍茫泥涂上,似夜梦未醒,全身披着一片迷离气氛浸润着,眼睛虽睁犹合,遗忘了脚下的坎坷与崎岖。夹道是淡金色稻田,累累荒冢的坟丘,半亩长方池塘,围以颓唐的垂柳,憔悴的柳丝在莽莽暮色中惺忪着。

(《逝影》)

此种新感觉的艺术思维特点,不是一种经验和认识论上的发现,也不是对新的心理事实和经验的简单枚举,而代表着一种主观变化,是对一种心理转变的最强烈的召唤。因而它本质上是现代主义文化观念带来的文学创作上的转变。从这个角度来看,无名氏是一个不折不扣的中国现代主义作家。无名氏从不回避对现代主义的亲近和认同,现代主义是他自觉的文学追求,他发誓说:"绝不接受现实主义,永远皈依未来派。"[17]"象征主义……以及任何其他主义,对我永远超过写实主义。"[18]

二、语言乌托邦宣言与实践

人们不禁要问,现代主义的什么精神让无名氏这样信誓旦旦、醉心不已呢? 他有一段谈论风格的文字,其中表露了他的旨趣所在。他认为,"凡文章有极强烈的风格者,大多不是写实主义者。这些突出风格者,都是个性的强烈表现者。他们是按照自己独特个性表现世界,不是放弃自己突出的个性、而在表面上如实的表现世界——至少,在表现世界形貌时是如此。像尼采、纪德、爱伦·坡、詹姆士、康拉德、普卢、吴尔芙夫人、乔也斯、梅特林克、妥思退益夫斯基,都是如此。这些人,与其说是表现现实世界的深度,不如说表现自己灵魂的深度,通过裸显自己心灵,因而展现人类灵魂及世界灵魂的深度"。[19]在这里,无名氏对文学风格的醉心推崇和强调,实际与对现代主义文学精神的理解是紧密联系在一起的,他所列举的作家无一例外地都是现代主义文学领域的著名人物,他将文学创作对人性维度——灵魂的深度——的勘探作为自己文学实践的目标,而强烈的个性风格则是对此宗旨的推进。这种理解应该是深得现代主义之旨的，它与美国著名文艺理论家杰姆逊的观点几乎完全相同。杰姆逊认为："风格问题在现代主义文学和艺术中占主导地位。每一个现代主义大师都是在追求自己独特的风格，因为风格是个性的表现，是个人的东西，创立自己的风格也就是求得成功地表现自己独特的经验、感受和个性。毕加索的画有自己的风格；……丧失了风格，在现代主义中，也就等于丧失了自我"。他提醒人们注意，现代主义的文学风格，其含义与传统修辞学不同，它是与作者的内在精神直接同一的，"现代主义的风格却是个人化的，是不可能学来的；作家必须有自己的风格，因为在现代，风格已经与作家对外部世界的感知联系在一起了"。[20]法国著名批评家马尔罗在著名的《沉默的声音》中也表示："现代艺术家的最高目标是使一切都屈服于他的风格，从那些最简单最没有发展余地的东西开始"。用现代主义的"风格"标准，无名氏甚至改写了对福楼拜的认识："福楼拜也不承认自己是现实主义者。这就是为什么他的几部作品的风格，很不相同。他也是一个风格主义者。他所探索的，是多种艺术风格的可能性。这样，他才从写实主义探索到浪漫主义，又窥测到象征主义"。[21]

另外，考察一下无名氏思想和创作的广泛的西方近现代文化视野及其艺术趣味，同样可以看到无名氏对现代主义的倾情。他对西方近现代文化背景赋予中国现代文学的现代意义给予了很高评价，这实质上也包含了现代主义文学因素对中国现代文学的特殊贡献。他认为："对每一个从事现代文学的中国人，他脑子里首先泛滥的，是文艺复兴以来的欧洲观念、语言、情调，没有这些，他的作品将没有现代新气息。一部现代中国新文学史，就是近代西方文明文化的冲激史、泛滥史"。[22]这说得再赤裸裸不过了。似乎是对此的一个注解，无名氏在《无名书稿》第三卷《金色的蛇夜》中精心安排了两场文化沙龙，其中的繁富节目堪称是西方现代主义文艺的大展览，不但令人惊奇，而且也把无名氏与现代主义的关系揭示得淋漓尽致——

第一场沙龙的内容是：戏剧家袁晓初朗诵了一段(瑞典表现主义

戏剧家)斯特林堡的《死之舞蹈》的对白,诗人余迈背诵了一首(法国象征主义诗人)波德莱尔的诗《黄昏的和谐》,画家马尔提介绍了(现代主义画家)毕加索的几幅近作,学者杨易畅谈了德国(存在主义哲学家)海岱格的一本论述"有"与"无"的著作(按,当指海德格尔的《存在与时间》,原著 1927 年在德国出版,该书的中文节译作为《存在主义哲学》的一部分,20 世纪 60 年代初由商务印书馆出版,全译本直至 1987 年才由北京三联书店出版)。[23]

另一次沙龙的内容是:林郁用法文朗诵了波德莱尔的诗,余迈朗诵了(法国意识流小说家)普庐的《往事追忆录》片断,袁晓初朗诵了(爱尔兰意识流小说家)乔也斯的《优里西斯》片断,韦乘桴朗诵了法国哲学家海岱格的名著《论时间与无》中的一段(按,此处"法国"当系"德国"笔误)。[24]

显而易见,无名氏在 40 年代营造的这两个文化沙龙,在当时中国现实的土地上是很难找到的,其实展示的是无名氏与之对话的西方文化背景。它们麇集了丰富的西方现代主义文艺和哲学成分,生动地微缩了无名氏鲜明的现代主义文化性格和视野。海岱格的出场令人惊讶,普庐的长篇《往事追忆录》(现通译《追忆逝水年华》)和乔也斯的长篇《尤利西斯》,都是现代主义的经典之作,但它们的完整中文译作分别是 20 世纪 80~90 年代才问世的。它们在无名氏视野中的出现具有重要意义,标志着现代主义的重镇们在中国现代文学中的隆重登场,这把中国现代文学的文化内容拉到了与世界文学潮流接轨的前沿。

现代主义文学因素在中国现代文学的发展过程中到底意味着什么,这既涉及到对现代主义文学创作的评价问题,也关系到无名氏在中国现代文学史上的应有地位问题,本书姑且略论。

如果对中国现代文学的性质加以辨认的话,可以看到,中国现代文学的"现代性"品格的生成,显然不是在中国传统文化的封闭系统内产生的,而是从民族危机的缝隙中摄取西方文化的产物。中国现代文学的发难者胡适、奠基者鲁迅、推波助澜者郭沫若等人的思想和创作中,都夺目地漾动着西方文化的复杂的当代因素。没有这些舶来的外部因素,中国现代文学的"现代性"将无从谈起。从本质上看,中国现代文学不是中国古代传统文化的合法继承者,而是它们的贰臣逆子,正是这种叛逆性构成了它与古代文化传统质的分野。五四新文化的中坚们几乎都是传统文化的激烈颠覆者。在某种意义上,中国现代文学的现代化指数是以西方文化的最新发展动向作为参照的。郑伯奇在列举中国现代文学第一个十年西方文学思潮在中国文坛上的相继登场现象时,就是以欣喜的心情来看待它们的。[25]在中西文化参照的框架内考察中国现代文学,可以看到,它对传统文化的背离是以对西方前沿文化的企望和靠拢为标志的。换言之,它离古代传统文化越远,它的现代化成分就越高。极端的意义上,在特定的历史情境下,越带有西化的成分,越具备"现代性"品格。这种情况表明,"现代化不是中国文化的产物;对中国文化来说,现代化包括了许多陌生的因素"。[26]

从这样的角度看待中国现代主义文学,可以认为,它是世界先进文学思潮对中国现代文学的应有参与。现代主义文学尽管在中国现代文学史上未能形成波澜壮阔的局面,但它却是中国现代文学融入世界文学发展前沿的不可或缺的标志。现实主义文学主潮虽然排斥挤兑过这一脉文学细流,但它以艺术表现方式、感受生活的角度,以及思想观念的新异,大大丰富了现代文学创作,并合乎逻辑地成为现实主义文学主潮的必要补充。举凡现代文学中的象征派诗歌、现代派诗歌、新感觉派小说、心理分析小说、九叶派诗歌、后期现代派小说,都给现代文学带来了别开生面的成果。由此,无名氏的现代主义艺术操守和文学创作对中国现代文学的贡献是需要另眼相看并为之辩护的。

无名氏《无名书》系列长篇,堪称是中国现代文学中现代主义的集大成之作,这不仅因为它二百六十余万言的浩瀚篇幅,而且指它灌注了密集的现代主义理念和现代主义艺术手法,更因为作者的特殊境遇,让这一现代主义"异端"之花还能在"地下"延续到 20 世纪 50

年代,无名氏无可争议地成为中国现代文学史上现代主义文学的"殿军"。这部巨著一方面是对生命的形而上意义的顽强求索,另一方面是对作者的文化观念的创造性的语言试验。不论从哪一方面看,它都是现代主义的。关于前者,法国著名存在主义作家加缪曾指出:"陀思妥耶夫斯基的所有的主人公都对生命的意义发出了疑问。正是在这一点上他们是现代的:他们不惧怕可笑。区别现代感应性和古典感应性的,正是后者充满着道德问题,而前者充满着形而上的问题。"[27]对形而上的意义的叩问,是现代主义文艺创作的一个引人注目的特征。关于后者,无名氏更是雄心勃勃。早在 1950 年,无名氏就在给其兄卜少夫的信中孤傲地宣称:"我自信,只要我能将此巨书写完(指《无名书》——笔者),将来在中国文学界的领导地位是无问题的。""我的灵感永远洋溢着。我有那点矜持,我蔑视周遭的一切!我也有那份殉教精神,敢保卫真理而工作。如能预期完成这个多年计划,我相信无论在艺术上、思想上,对中国和世界总有涓滴之献。——我主要野心实在探讨未来人类的信仰和理想:由感觉——思想——信仰——社会问题及政治经济。"[28]文化抱负的狂野宏大是让人既敬佩又担心的,语言的乌托邦是否能负载这一理念呢? 正如司马长风表示的那样:"这般广大的主题,要集中在某一人物、某些人事片断上表现出来,那等于把宇宙浓缩为一粒原子。我不敢说,这是绝不可能的事情,但的确感到超过了小说艺术的极限。可是无名氏居然这么做了,而作得相当辉煌绚烂,显示了睥睨百代的才华与气魄。但是在这里,我们也见出才华的极限,而露出血肉的干枯,这是无可如何。"[29]

创造力向语言的极限挑战,并以人类的大文化意识作为自己文学创作的指导和实践目标,这使得无名氏的《无名书》无论在小说的形式上还是在内容上将不可避免地发生某种扭曲和变形。似乎是一种规律,阅读无名氏的《无名书》,人们一开始产生的是一种欣赏的障碍,新鲜感和生涩感相伴而生,这种完全陌生的语言文体和小说形式让你一下子很难适应,并产生强烈的认同困难,尤其是语汇的极端个人化的大胆运用，几乎是对惯常语言的一种强暴，让人震骇。这到底是创造还是破坏？疑问总是会在《无名书》的字里行间生成。当然，从理论上说，任何创造性的文学探索都意味着对既定规范的突破，始作俑者往往被视作异端。但同样可以肯定地说，无异端就无创造。艺术史发展的每一阶段都昭示了这一点。

这种情况也曾出现在现代主义大师乔依斯的长篇《尤里西斯》中，它的创造性的探索意图曾屡遭诟病，但正如巴雷特为其辩护的那样："如果乔依斯是一个神经不正常的人，那倒好办，我们可以把所有这一切斥之为一团糟。然而，事实上他却是一个对其材料有着非凡控制能力的艺术家。因此，混乱只能归于他的材料，即生活本身。实际上，乔依斯向我们展现的是屡见不鲜的生活中的琐事，同他的作品相比，其他故事的确是虚构的。"[30]

这种说法的原则意义也完全适用于无名氏的《无名书》。无疑，《无名书》的文体创新和语言"强暴"不是无名氏心血来潮的神经不正常的产物，而是他长期以来艰苦探索和刻意追求的文学观的自觉体现和实践。在中国现代文学史上，真正把文学创作当成自己的生存方式并具有强烈文体意识的作家，可能只有沈从文和无名氏，但比较而言，无名氏的文体意识更强，强烈到近乎偏执的程度，并将这种偏执负载了更富有气魄和幻想的文化内容。他表示："新的艺术不只表现思想，也得表现情绪、感受，不，应该表示生命本身。生命原就是川流不息的大江河，汹汹涌涌，直奔前去。艺术必须得藉情绪、感受，来象征这种大生命的奔流，就这一点说，艺术不只是思想、颜色、线条，和浮面描绘，而必须有一种内在的情绪、感受力量，则读者不仅知道，还得感到。假如艺术必须给人信仰，那么，这不只在理智，还在热情、感受的传染。……一种艺术若企图建立未来人类新信仰，至少必须包括两个条件：（一）鼓励并激起对信仰的激情及感受；（二）信仰的思想内容及意义结构。这两者缺一不可。因此，未来新艺术必然力求涵盖宗教和哲学，而艺术只是融合、消化这二者的一种表现技巧。"[31]大文化的构想在无名氏的《无名书》的创作中被赋予头等重要的地位,语言和形式构成不过是为这一宏伟构想服务而已。因此,文学创作在无名氏的心目当中决不是纯艺术的雕虫小技,它可能游离于社会的现实政治,但它决不缺乏人文关怀。他的旷日持久的《无名书》的创作,实际上是生命上演的一出气魄雄伟的史诗:"我所准备写的一本大书,其整个姿态,就是舞蹈与建筑的化身。它具舞蹈的流动性与凝定性;在某种程度,又有建筑的坚硬性、浮雕性、沉着性。在舞蹈的开展中,生命乃显示河流,平静与骚动的波浪:光影、明暗、错综、凸凹。"[32]

这种惊人的企图无疑都被无名氏在《无名书》的创作中一一尝试了。感觉、语言和理念交错混杂,传统小说的既成规范和原则几乎都被瓦解甩弃,完整的情节没有了,现实主义的创作原则不见了,语言的惯常组合不见了,议论和抒情,汪洋恣肆的铺排,词彩绚烂的描写,意识流和象征主义,等等。全书以罕见的独创性构筑了一个全新的小说世界。当然,你"叫它小说也可以,叫它散文诗也可以,叫它诗和散文的编织也可以,叫它散文诗风的小说也可以。他打破了传统文学品种的疆界,蹂躏了小说的故垒残阙"。[33]

注 释

[1] 李辉英:《中国现代文学史》,香港文学研究社,1976 年,第 270 页。

[2] 孔范今:《悖论与选择》,明天出版社,1992 年,第 99 页以下。

[3] 参见孙世军、厉向君:《当代无名氏研究的历时性考察》,《河南师大学报》2003 年第 4 期。

[4] 马良春等主编:《中国现代文学思潮史》,北京十月出版社,1995 年,第1120页。

[5] 严家炎:《中国现代小说流派史》,人民文学出版社,1989 年,第 319 页。

[6] Edited by Roger Fowler, *A Dictionary of Modern Critical Terms*, Routledge & Kegan Paul Ltd, London. p. 210.

[7] 同[6],p. 152.

[8] 引自[英]阿伦·布洛克:《西方人文主义传统》,三联书店,1997 年,第

113 页。

[9]［美］杰姆逊:《后现代主义与文化理论》,北京大学出版社,1997 年,第
176 页。

[10] 参阅杨义:《中国现代小说史》(第 3 卷),人民文学出版社,1991 年,第
500~512 页。

[11] 钱理群等:《中国现代文学三十年》,北京大学出版社,1998 年,第 520 页。

[12]《塔里·塔外·女人》,第 172 页。

[13]［美］詹明信:《晚期资本主义文化逻辑》,北京三联书店,1997 年,第
285 页。

[14] 同[13],第 294。

[15]《淡水鱼冥思》,第 215 页。

[16] 参阅严家炎编选:《新感觉派小说选·前言》,人民文学出版社,1985 年。

[17]《绿色的回声》,第 8 页。

[18]《金色的蛇夜》续集,第 502 页。

[19]《淡水鱼冥思》,第 63 页。

[20]［美］杰姆逊:《后现代主义与文化理论》,北京大学出版社,1997 年,第
180 页。

[21]《淡水鱼冥思》,第 64 页。

[22]《绿色的回声》,第 183 页。

[23]《金色的蛇夜》续集,第 255 页。

[24]《金色的蛇夜》续集,第 317 页。

[25]《中国新文学大系·小说三集·导论》。

[26]［德］孙志文:《现代人的焦虑和希望·自序》,北京三联书店,1994 年。

[27]［法］加缪:《西绪福神话》,见《局外人·鼠疫》,漓江出版社,1990 年,第
6 页。

[28]《无名氏生死下落》,香港新闻天地社,1976 年,第 41~42 页。

[29] 司马长风:《中国新文学史》(下卷),香港昭明出版社,1978 年,第 108 页。

[30]［美］威廉·巴雷特:《非理性的人》,商务印书馆,1995 年,第 51 页。

[31]《淡水鱼冥思》,第 149 页。

[32]《淡水鱼冥思》,第 208 页。

[33] 司马长风:《中国新文学史》(下卷),香港昭明出版社,1978 年,第 106 页。

第五章　喧哗与骚动:《无名书》的复杂文化因素研究

　　无名氏曾经是现代上海文坛非常走红的作家,尤其是他在20世纪40年代跃上文坛后,接连以《北极风情画》、《塔里的女人》两部中篇小说轰动读书界,获得了广大读者的青睐,一时洛阳纸贵,他也成为与徐讦齐名的流行作家。这种情形无疑鼓起了他更大的创作雄心,稍后他又出版了抱负和野心极大的系列长篇《无名书》的前两部半——《野兽、野兽、野兽》、《海艳》和《金色的蛇夜》上部,但前述盛况却令人遗憾地未能再现。究其原因,这种情况一方面与他创作风格的剧烈转向和文化追求的嬗变密切相关;但另一方面,社会生活在历史的急遽变迁中动荡不宁,文化界已经失去了对无名氏蕴含激情和理性的文化创造进行有效解读的条件和耐心,这应当是更重要的原因。

　　建国以后,无名氏悄然从文坛淡出,变为无人知晓的存在。与此同时,他也被一部部现代文学史著作所"遗忘"。在他的创作年龄和生理年龄都堪称是"巅峰"的时候,他却囿于种种原因退隐于社会的边缘角隅——蛰居杭州西湖之畔,过着清苦而寂寞的生活。但令人感佩的是,无名氏并没有因此而搁笔,只不过退隐为"地下"创作。文学创作希图的与读者的双向互动的话语过程在无名氏这里蜕变为纯粹孤立的"自言自语"。这既是无名氏的悲剧,更是中国当代文化的悲剧。在孤立无援的境地中,他悲壮凄凉地继续着《无名书》后续篇章的写作。从1951年～1960年,他陆续完成了《金色的蛇夜》续集、《死的岩层》、《开花在星云以外》、《创世纪大菩提》的创作,共约二百六十万言的《无名书》至此告罄。这是纯粹的独立人格和独立的理性精神的产物,和50年代公开行世的那些文学创作相比,她不言而喻地只能凄然存身于"地下",但却孤傲地昭示了理性、良知和创造力的不可灭绝的勇气。这是一份了不起的文化创造。

　　就是这样一部构思宏伟的文学大书,却在写成之后的数十年间一直存身民间,文革中还一度遭到查抄。所幸的是,这部书稿在十年动乱中没有被毁弃,"文革"后居然奇迹般地完稿回到了作者手中,以致让后人有了一睹这部奇书的机会。这部煌煌两百六十万言的系列长篇小说创作于20世纪中叶,二十多年后书稿以两千多封书信的形式投寄海外,陆续于海外公开面世。而在大陆,这部大书至今仍是"犹抱琵琶半遮面",这使《无名书》在事实上成了一部不折不扣的"潜书"。在中国现当代文学史上,书的命运的坎坷多舛可能没有超过《无名书》的了。无名氏和《无名书》的艰难曲折遭遇熔铸了一则"书与人"的奇特故事,在辛酸之外,也创造了一段文化奇迹。而这本书的文学史贡献尚待人们认真的研究。

一、《无名书》概观

　　《无名书》的六卷大书,是一部被海外誉为"长河型"的长篇小说,它的全部创作过程渡过了十五个漫长的年头(1946—1960),如果追溯到它的构思阶段,这一过程就更长。无名氏自1943年开始写下的带有沉思录性质的思想随笔《沉思试验》,就是为写作《无名书》而作的思想札记。其中,无名氏倾注在这部卷帙浩大的著作中的主要野心是,"探讨未来人类的信仰和理想:由感觉——思想——信仰——社会问题及政治经济"。[1]在另一处地方他又表示:"此生夙愿是调和儒、释、耶三教,建立一个新信仰。"[2]这谈的是《无名书》的创作宗旨。而关于这部大书采用的艺术形式,无名氏也有极其宏伟的计划:"所有艺术中,最富综合性的空间艺术是建筑;包括空间时间而为一切综合艺术之大成的,则是舞蹈。……生命永远在舞蹈。艺术也永远在舞蹈,只是舞蹈的程度有深浅。但未来的一切艺术显然要渐脱离单纯的平面的音乐性或绘画性,而走向舞蹈与建筑的综合的立体之路。"[3]《无名书》堪称是对这一认识的顽强实践。

《无名书》作为完稿,共分六卷。它们依次是:《野兽、野兽、野兽》,《海艳》,《金色的蛇夜》(分两集),《死的岩层》,《开花在星云以外》和《创世纪大菩提》。但在无名氏的原先构想中,分为七卷。在《金色的蛇夜》和《死的岩层》之间,原计划是《荒漠里的人》。他在给其兄卜少夫的信中谈及部分设想:"第四卷探讨神和宗教问题,第五卷写东方的自然主义和解脱,第六卷写综合的东西方文化的境界及新世界人生观,第七卷写五百年后的理想的新世界的人与人的关系。"[4]从成书的内容看,第六卷与第七卷糅合在了一起,但《荒漠里的人》的书名则让位给了《死的岩层》。

《无名书》的第一卷为《野兽、野兽、野兽》,共约三十万字,初版于1946年底。描写主人公印蒂的生命由骚动而觉醒,投入自觉地追求政治革命的红色狂热,最后因革命队伍的急遽分化和"左倾"分子对他的猜忌和迫害,使他对政治抱有的满腔热忱化为泡影,终于脱党而开始新一轮的人生道路的探寻。生命的盲动和政治的非理性运作,构成了无名氏文化理性视野下的"兽性",受到了无名氏的严格审查和尖锐批判。小说对大革命的反思是高蹈于政治和现实之上的,无名氏生动而深刻地揭示说:"当革命神圣时,没有人敢举起解剖龟兔的尖刀,生物学的割破战争身上那袭神衣,来看看里面的藏物。但当革命脸上出现白粉时,人们就有权割开神衣,来检查它内里所藏的。人们有权看看:所谓革命战争,究竟有些什么真嘴脸? 所谓神圣流血,究竟是些什么东西?"[5]这种对革命的动议在中国现代文学史上是独一无二的,显示了作者的大尺度的文化视野和基于更高的人道和历史胸襟。

《无名书》的第二卷是《海艳》,共约四十万字,分两册初版于1947、1948年。这是一个生命向浪漫靠拢的灵动故事,"流露出一脉空灵情、一片空灵境、一派空灵格调"。[6]对于印蒂的生命追求而言,《海艳》进入了第二个阶段,描写主人公对爱情的追求和纯洁的肉体交欢。在美丽的西子湖畔,印蒂与瞿萦坠入爱河,他(她)们用最瑰丽、最淳朴、最热烈的方式,抒发着如胶似漆的缱绻温情。他们犹如理想国中幸福的王子和公主,童话般纯洁地欢度着时光。一部《海艳》展示的是浪漫之于人的精神和肉体的重要性和丰富多彩性。但印蒂在情感和肉体获得极度满足之后,一种隐隐的危机也开始露头——"一种过度满足后的疲倦,以及过度重复后的迟钝。从前,他只猜想:人得不到什么,必黯淡。现在,才多了份想头:人完全得到了一切,也可能黯淡"。[7]于是,生命的追求从浪漫中断裂出来,开始了新的征程。

《无名书》的第三卷为《金色的蛇夜》,分两部出版,共约六十万字。第一部创作于 1948 年末到 1949 年初,于 1949 年 8 月出版。续集最终"地下"完成于 1956 年,70 年代下半叶在香港出版。《金色的蛇夜》是一部探索人性恶的大作品,也是作者在整部书稿中写得最为满意的一卷,他自述:"这里有着柴可夫斯基的和弦。"[8]它与《海艳》的明净透澈风格截然相反,浸透着"一种隋炀帝或莎乐美的深度"以及"中古传奇加世纪末的病态刺激"。

印蒂此刻的人生追求,表现为向欲望的深渊沉沦。全部展示时代的病态魔力的象征,是神秘的高级交际花莎卡罗,这是一朵畸型而妩媚的"恶之花","一个介于神性和魔鬼之间的人,一只半疯狂半智慧的女兽",正是这个特点使她征服了上海滩。印蒂对莎卡罗的追求,表明他的生命进入了特殊的阶段,似乎寓有"为上天堂,先下地狱"的意思。主人公印蒂在"恶"的地狱中打滚,在《金色的蛇夜》中被特别加以强调,并给予生命合理化的描述。这在中国传统文化体系中不但没有,在中国现代文学的主题符库中也是第一次。它第一次从生命的角度对人性中负面现象进行了文化哲学的解释和艺术概括。这可以视作是波德莱尔的《恶之花》在中国现代文学创作中的延伸,彻底的现代主义思想在《金色的蛇夜》中饶有深度地得到了展示。

《无名书》的第四卷为《死的岩层》,共约四十万字,"地下"创作于1956 年底到 1957 年初,20 世纪 80 年代初于香港出版。这一卷通过印蒂先后皈依天主教和佛教的精神生活历程,表现了他企图依靠宗教的力量来解决人生的终极问题。正如德国哲学家保罗·蒂利希所说:"在人类精神生活所有机能的深层里,宗教都可以找到自己的家园。宗教是人类精神生活所有机能的基础,它属于人类精神整体中的深层。"[9]但对于印蒂的思想来说,东西方宗教的局限性却让他对现存的东西宗教形式和内容产生强烈的幻灭感,同时周围的灰色沉闷生活又使其对现实深深失望,这促使他向着精神生活的高峰进一步探索。他寄希望于对东西文化进行整合,以期造成一种解决人类普遍问题的新文化。

《无名书》的第五卷为《开花在星云以外》,共约四十万字,"地下"创作于1958年,1983年于香港出版。这一卷描写的是印蒂离群索居,遗世独立于四千仞之上的西岳华山之巅,与日月星辰为伴,沐浴山风雾岚,俯仰天地之间,感应自然声息。在屏心独白中苦心思索,悉心悟"道",进行激烈思想试验的过程。在华山之巅,印蒂把对思想的崇奉推向了极致,思想本身成了他信仰的目标和灵性的大纛。诚如无名氏所说的,"在罗丹全部雕刻中,最感动我的一件,是'沉思者'。……这里存在的并不是人,而是'思想'。……这里,一切是最净的,最潜藏的,最退缩的,最硬化的,然而,整个宇宙全从这里汲取生命,整个历史从这里得到轮子及原动力",[10]印蒂思想的最大成果是推出了全新的以"星球哲学"为核心的"道体"思想。它表现了无名氏通过"悟道"试图整合东西文化的企图。

《无名书》的第六卷为《创世纪大菩提》,共约五十万字,"地下"创作于1959年下半年到1960年5月3日,1984年台湾远景出版公司出版。这是《无名书》的最后一卷,是印蒂人生"寻找"的最后篇章,也是无名氏宏大的文化探索的总结性文字。从篇名可以看出,"创世纪"象征着西方以基督教为标志的文化传统,"大菩提"喻示着东方以佛教为标志的文化传统,两者的合而为一,表现了无名氏力图融东西方文化为一体,为明日的世界创造出一种新的文化精神的思想企图。通观全书,它以三个互相关联的内容体现了《无名书》的人生和文化内蕴:一、印蒂经过一系列艰难曲折的人生寻找和艰苦卓绝的思想悟道,重新投入瞿萦的怀抱,并与之孕育出新生的小海地,这意味着印蒂的人生有了一个完满的结局;二、印蒂通过四套文化批判丛书的编撰及其星球哲学的建构,可以说,完成了他为未来人类生活整合一种新信仰的文化夙愿;三、最引人注目的是,印蒂创建"地球农场"的举动,将他的文化建构延伸到社会实践,充满亲善大同意味的"地球农场"的艺术创造,把一个可能属于遥远未来的理想国挪移到了现实社会。无名氏尽管一再在作品中排斥空想社会主义理想,但他也似乎找不到更好的替代品,充斥"地球农场"的仍然是清纯的乌托邦世界。甚至他对这个乌托邦给予了认同:"未来大同世界是可能的。在这样世界,人完全用大量的爱来生活。掠夺和剥削,在人习惯上,将视作'塔布'。人且习惯勤劳、助人、信任人,诚实。一切道德上的格言,人们将视为习惯。——这样美丽的一天,也许可能来的,除非地球在一个大灾难下毁灭了。"[11]

《无名书》通过对印蒂这个人物形象的塑造,尤其是对他的人生和思想历程的精细的艺术描绘,让我们看到了一个禀有独立理性精神和独立人格的知识分子的艰难而不懈的人生追求和执著的思想历险。通过这一过程,也折射了 20 世纪上半叶——20 年代初到 40 年代末——中国动荡不宁的社会情状以及部分灰色人群的灵魂苦吟。它以二百六十万言的浩瀚篇幅和充满生命激情的独特表达方式,把人生复杂的诸般景观雄壮地诉诸笔端,让人充分地感受到了生命的感性洪流和理性思绪的汹涌波涛。生命形态的诸般元素在《无名书》中受到了详尽乃至繁琐的解析,人生在六次转换中次递攀升,直到求得生命的"圆全"。此种对人生全景式的艺术描绘,在中国数千年的文学史篇帙中堪称绝无仅有,这不能不使它带有深刻的原创意义。

但这种原创不是凭空进行的,无名氏试图将这部耗费他毕生心血的巨著建立在中西方文化的基础上。他阐述说:"在中国文学史上,从《庄子》、《离骚》起,继而《史记》,李杜诗篇、韩柳欧苏文章,辛稼轩词,关汉卿曲,以至《红楼梦》等……作品,一脉相继的,总洋溢着一片长江大河的气象,一种磅礴宇宙的文势,那种万穷怒号的生命力量,洋洋洒洒的情感,亮若闪电的智慧,真如勃发狂飙,足以石破天惊,令人五内愤兴,且心智澈悟,若醍醐灌顶。"而西方文学,"从《伊利亚特》史诗起,洎乎《神曲》,莎士比亚诗剧,《失落园》,《浮士德》,也借各种不同的形式与内涵,更广泛更深刻的表现了上述伟大的气象、韵势、情感、智慧,与生命力量,因而震撼人心"。这样的文化视野也就成了《无名书》摄取文化养料的范围。他自述,创作《无名书》,"我除了试验多种新鲜的风格与内涵外,多多少少,还着重继承东西二大支文学传统,把古典文学中那种浩瀚的气象,磅礴的韵势,荡决地脉的生命力量,一泻千里的情感,锐如犀角的哲思,全注入此书的新形式新内蕴中"。[12]

这是一个让人既敬佩又担心的文学创作纲领。令人敬佩的是,无名氏以东西方文学中的优秀成果作为自己创作的借鉴,其创作的起点和追求是站在人类文化发展的坚实阶梯上的,视野高迈;令人担心的是,要在一部作品中体现这么多宏大企图,文本是否承受得起这么多文化理念的压迫。事实上,传统的小说形式也的确在这些文化重负的压迫下解体了——《无名书》或者成为一种全新的文体创造,或者就是不成型的文体碎片。在人们刚进入《无名书》的艺术世界时,生涩的感觉就像面对一座色彩斑斓而又杂乱无章的文化废墟,但只要你耐心冷静地感受体味它,你就会像欣赏色彩艳丽驳杂的抽象派绘画,在貌似零乱中蕴藏着某种坚硬的规则。无名氏喜欢用"建筑"来形容艺术创造的某种形式追求,而《无名书》的六卷长篇组合在一起,显然构成了一座既互相独立又有机相连的生命追求的立体建筑,可谓气势恢宏。

二、《神曲》、《浮士德》的面影

《无名书》的主题和艺术结构在中国文学和文化传统中表现无多,甚至可说绝无仅有,这在中国文学的园地中便显得形单影只,落落寡合,成为一个充满文化陌生感的"异类"。但在西方近现代文化背景中，《无名书》却并不孤单，许多煌煌的文学巨著中都晃动着类似的亲切身影。其他的不说，仅《无名书》的艺术结构和主题，就与但丁的《神曲》和歌德的《浮士德》存在密切的血缘联系——

但丁的《神曲》是一部未脱欧洲中世纪文化语境的具有浓厚象征寓意的长诗。它记述了诗人的一次神游：在三十五岁时（"人生中途"），他迷失在一座黑森林里，盲目转悠到天明，来到一个小山脚下，只见山顶一片阳光灿烂。他试图越过小山，可是三只野兽——豹、狮、母狼（一般认为，分别象征淫欲、强权、贪婪）——挡住了去路。正在进退维谷之际，古罗马大诗人维吉尔应声而出。他对但丁说："你战胜不了这三只野兽，我将指示你另外一条路径；开头我将引你参观罪人的居地，次则我将引你爬上灵魂在那里洗炼的山坡；到了山顶，我把你交给另外一个引导人，伴你游览幸福之国。"随后，但丁跟着维吉尔巡游了"地狱"、"炼狱"，在"炼狱"之后的山顶是"地上乐园"，那里维吉尔将他交给少年的恋人贝阿特丽采，后者引导但丁游历了"天堂"，直到和上帝会面。[13]

《神曲》在充满宗教神学的文化氛围中，对人生作了细致的象征性解剖。一般认为，黑森林代表着罪恶，人稍不注意就会迷失其中；阳光普照的山顶代表着一种人生的理想境界。罪人们希望重见天日，可是因为本身的贪欲（狼）、强权（狮）、淫欲（豹）等原罪因素，或因为社会的邪恶势力而不能自拔，所以需要外在力量的帮助，这个外在力量就是"理性"。维吉尔是人的理性智慧的化身，他使人知晓罪恶的可怕，鼓励人修身养性。而在人的智慧之外，又必须有信仰，用神启作引导，一个人才能达到至善的境界，获得真正的幸福。智慧象征性地从诗人那里获取，而神启则象征性地来自贝阿特丽采。只有在两者的共同引导下，人才能克服罪孽，走向新生。

"地狱"的设置寓有宗教原罪的思想，人通过"炼狱"的救赎，可以进入至善至美的"天堂"。如果剔除宗教神学的神秘晦涩外衣，不难看出，《神曲》是对人生过程的一种缜密精致的象征性阐释，表现了灵魂经由罪恶而获得解救的过程。因而美国宗教哲学家蒂利希指出：

"中世纪对存在主义观点所作的最伟大的富于诗意的表达,是但丁的《神曲》。它像修士的宗教的深层心理学一样,还停留在经院哲学的本体论的框架内。但在这种限度内,这部作品也进入了人的自我毁灭和绝望的深渊,探索了勇气和拯救的顶峰,并且以诗的象征给了我们一种包罗一切的关于人的生存的信条"。[14] 仅从表面即可看出,《神曲》对人生过程结构化阐释的艺术构架也鲜明体现在《无名书》中,《神曲》挥舞的"人智"与"神智"两面旗帜也在《无名书》中衍化为"思想"和"信仰"。

如果说,《神曲》对人生过程给予的是三部结构——地狱、炼狱、天堂——的解释的话,那么,在歌德的诗剧《浮士德》中,人生却被四部结构所诠解,而且由此导致了充满时间焦灼的现代人生追求。

诗剧《浮士德》首先勾画了人生的"知识悲剧",这一阶段浮士德不甘于将生命枯燥地消耗于书斋,通过与魔鬼梅非斯特的赌约,生命进入了主动追求的层面。他进入人生追求的第二个阶段是"爱情悲剧",这一阶段他与少女格蕾辛坠入情网,但由于一系列的性格原因和偶然失误,遭致爱情流产,由此让人感到,爱是难以圆满的。浮士德人生追求的第三个阶段是"追求美的悲剧",这一阶段他遨游古希腊神话世界,与美女海伦结为婚姻,并孕育了欧福里翁———一个"未来的众美的创造者"。然而因为欧福里翁的不幸夭亡,海伦也离他而去。由此体现了美是难以持久的思想。浮士德人生追求的第四个阶段是"社会理想的悲剧",这一阶段他从仙乡返回人世,深感"事业最要紧,名誉是空言"。他决心在海边填海造田,造福于民,建造一座人间乐园。海边王国的建设,浮士德将之视作人生最有意义的活动,他陶醉地沉浸在这种满足中。而一旦他停止了追求,梅非斯特的赌约便置他于死地。这艺术地是梅非斯特的胜利,但本质上正如梅非斯特扬言的,是"时间胜利了",这昭示了非常深刻的人生哲理。[15]

只要我们回顾一下《无名书》中印蒂的不息的人生追求,就可以嗅到浮士德的味道。斯宾格勒曾从《浮士德》中抽绎出所谓"浮士德精神":"在前进中,他发现了痛苦和欢乐,他每时每刻都不会安宁!"[16]这种精神也鲜明体现在印蒂这一人物个性中,可以说,印蒂是浮士德的中国现代翻版。

显而易见,《无名书》的主旨和艺术形式直追《神曲》和《浮士德》,当之无愧的是两部西方伟大文学著作的现代中国化尝试。它努力地把人生过程切成六个阶段,他对人生过程各个阶段的艺术描绘在逼近现代生活的基础上给予了更现代思想的阐释。《无名书》的六卷系列长篇涉及到政治、爱情、欲望、宗教及社会理想等诸多方面生命内容,这些庞杂的内容被容纳到这样一部作品中,无名氏有着清晰的整体构思,这一构思又是与他对生命过程的认识密切相关的。他认为:"伟大生命的进行曲大体如此:最先,艺术的想象开辟一个丰饶但零乱的轮廓;其次,哲学的条理来整顿这个零乱的轮廓,像修剪乱树,使各有适当位置,不相冲突;最后,宗教以伟大的意志来执行并正式描画这个轮廓,浇灌它,并摘这些树的果子"。[17]印蒂的生命进程正是这样:生命由充满想象力的盲动开始,中经思想的反思,最后上达一种伟大的宗教情怀。

三、人道对"革命"神话的解构

关于《无名书》的艺术性质,一直是一个有争议的问题。从整个小说系列提供的内容看,这部小说有着鲜明的时代背景和现实情绪,作者试图将作品投影在中国 20 世纪 20 年代初到 40 年代末的社会背景上,他也实际上把印蒂的伟大的人生探求与大革命的洪流、抗战的颠簸岁月、十里洋场的腐化生活,紧密地连在了一起。印蒂似乎具有双重身份:既是一个生命追求的思想载体,又是一个对现实政治反思、批评的时代中人。从前者出发,《无名书》应是一部象征性的哲理小说;而从后者出发,《无名书》又具有明显的写实性。这种情况使它有些尴尬:当读者以写实的身份确认它时,它的象征性的艺术因素便受到人们的批评;而当人们用象征的眼光来理解它时,其中的琐细的写实性品格又粗暴地瓦解着艺术象征体系的内在意蕴。[18]对人们的这种看法,无名氏争辩说,"流行的写实小说,大多属于社会现实的写真,《无名书》则属于人类情感(过程)的写真,人类(人生哲学)思想(过程)的写真,与人类诗感觉的写实,以及中国时代精神(过程)生命精神(过程)的写实。社会现实的对象多数是平常的社会人,《无名书》触及的对象,则是少数突出的知识分子,具有诗人、哲人、(浪漫的)情感人、严肃的道德人及理想主义者的气质。前者多半采取传统艺术技巧,后者想尽最大可能突破传统艺术"。[19] 在另外的地方他还强调说:"这是一部心灵的革命史,……我跟茅盾等人的书不同,他们写的是社会现实的史诗,而我写的是心灵的史诗。"[20] 作品的这种艺术性质如果成立的话,无疑使《无名书》超越了历史现实,而不能轻易地用历史事实来审解。

引人注目的是,《无名书》对现实政治和所谓"革命"施加于社会和个人的合理性提出了大胆的怀疑究诘,法国大革命时期著名的社会活动家罗兰夫人在临刑前留下一段著名的感叹——"自由,自由,多少罪恶在你的名义下进行"。——被他引为同调。关于中国 20 世纪的众多"革命"的神话,我们也可以模仿罗兰夫人的话说:"革命,革命,多少罪恶在你的名义下进行。"对于充斥 20 世纪上叶的中国诸多未经理性审视的"革命",鲁迅先生就曾感慨不已,他曾经不无深刻而辛辣地调侃道:

> 革命,反革命,不革命。
>
> 革命被杀于反革命的。反革命的被杀于革命的。不革命的或当作革命的而被杀于反革命的,或并不当作什么而被杀于革命的或反革命的。
>
> 革命,革革命,革革革命,革革……[21]

《无名书》第一卷《野兽、野兽、野兽》中印蒂在脱党前与党的基层领导人左狮有一段对话,左狮对印蒂冷冰冰地警告说:"在革命裁判席上,只有党的公平,没有个人的公平。任何个人公平,必须和党的公平联系在一起,才能立脚。在绝对的党的公平的要求下,个人必须牺牲,无条件无考虑的牺牲。……在牺牲祭坛上,这里不需要一个能讲善道的柏拉图,只需要一个平凡的,然而很勇敢的人!"印蒂针锋相对地讥嘲道:"牺牲!牺牲!够了!够了!法国大革命时代,罗伯斯比尔靠了'牺牲'这块挡箭牌,不知道把多少人冤枉送上断头台。"[22]

对政治革命的理性反思和文化批判是《无名书》的重要内容,这表明了无名氏坚定的自由主义思想和人道主义精神。这种思想和精神成了无名氏眼中更基本的人性内容,他认为:"人可以不是政治人,但人不能不是人。人若没有政治活动,并不碍其人格之完整,人若没有道德活动,则不成为人。在这里,政治与道德就有分别了。"[23]站在人道主义的艺术立场上观照政治革命和暴力,无名氏也就与世界上许多伟大的文学家的思想相遇了。如托尔斯泰的《战争与和平》,雨果的《九三年》,法朗士的《诸神渴了》,狄更斯的《双城记》,等等,都对战争或革命中的人性问题进行过严肃的探讨。

罗伯斯庇尔是个充满道德理想光辉的政治革命领导者,然而他在法国大革命中却将许多无辜平民百姓的命断送在绞刑架上,后人至今对此不能原谅。雨果在其《九三年》的末尾写道,保皇势力的朗特纳克侯爵本可以逃走,但良心的驱使,让他冲进火海救出儿童,自己却因此被捕。革命军司令官郭文认为,处死这个人会损害革命的声誉,遂擅自放走了侯爵,但他自己因为触犯革命条律而被送上绞刑架。

这是一则颇为典型的政治原则与道德伦理不能调和的文学实例,雨果由此在《九三年》中提出了"在绝对正确的革命之上,还有一个绝对正确的人道主义"的著名命题。《诸神渴了》和《双城记》也都是在这个命题的思想层面上对法国大革命中的革命暴力现象进行了艺术观照。此种广泛的人道主义生命关怀还让英国现代著名作家萧伯纳在《革命分子手册》中说了这样一句悲观性的话:"革命从未减轻暴君的压力,它们(革命)只将它(暴力)挪移到另外的肩膀上。"[24]

应该说,无名氏对此是颇多会心的。他的《野兽、野兽、野兽》的书名无疑象征和包含了对革命暴力的认识,他忿愤地说:"一部人类文化史,其实也就是一部兽苑史。今天我们还在弹雅典竖琴,歌唱'圣母颂'、'爱之花'、'黄金的和平',明天战鼓一响,人们立刻便把琴与歌谱甩到毛坑里,张着白晃晃牙齿,狼样冲出去。"[25]对大革命的政治分裂造成的屠戮现象,他也充满悲悯的忧虑,感到"一幕新的雅各宾历史剧,已吹了哨子,红色的幕布正在慢慢揭开,——这结果,只能招来一个新的'热月反动',以及'热月反动'的胜利"。[26]无名氏基于对暴力对人性的戕害的不满,在作品中通过韩慕韩这个人物介绍了这样一件事:这位流亡俄国的韩国军官在参加苏俄国内战争期间,于一次追击战中捉到一名敌方俘虏。在对其进行搜身时,发现了他藏在身上的少女照片。俘虏感到死期临近,便狂吻照片。这幕情景让韩慕韩涌起"物伤其类"的颤栗,人性于是在杀戮中惊醒,他怒吼着放掉了俘虏。[27]这个艺术细节体现了生命的人道主义观念在无名氏这里同样是被祭放在理性最高层面的。

四、印蒂:生命诸相的不息探求者

《无名书》所塑造的贯穿性艺术形象——印蒂,就其形象类型的独创性而言,至少应该是中国现代文学人物画廊中颇具分量的"这一个"。他的突出意义还表现在,他的身上被富集了大量的生命哲理内容,他的心灵流程被赋予了与通常小说的故事情节几乎同样重要的作用,这是小说创作中的一个大胆尝试,也是无名氏敢于把《无名书》称作"心灵史"的一个重要依据。从这个意义上说,印蒂同时也是一个"思想形象"或"心灵形象"。

"寻找"是印蒂的特征。至于问他为什么要"寻找",似乎不得要领。但从古希腊德尔斐神庙镌刻的箴言到海明威在其短篇小说《乞力马扎罗的雪》的开篇所描写的那只僵卧高峰的狮子,生命的寻找活动却从未停顿。对于印蒂的人生"寻找"来说,同样如此。也许,"寻找"是人的天生宿命,犹如赫舍尔指出的,"做人就是自觉或不自觉地介入、行动和作出反应,就是惊奇和回答。对人来说,要存在,就要在宇宙舞台上有意无意地扮演一个角色”。[28]印蒂顽强不息的人生寻找活动,体现了鲜明的浮士德式的线性追求特点。他似乎永远没有满足过,永远在寻求自身。

但与浮士德的以单纯追求为能事的焦灼人生稍有不同的是,印蒂带有浓厚的理想主义色彩,这表现在他在追求的途程上悬设了一个充满道德意味的“圆全”的朦胧目标。这与浮士德的苍茫无限的追求相比,大大缓解了精神的焦灼性状。对人生焦灼性状的缓解,在某种程度上体现了印蒂中国化的人生特征。就《无名书》提供的现实社会背景来看,印蒂面对的是一个让人绝望的时代,无名氏在《金色的蛇夜》中详细描述和渲染的一幅画——《末日》(又叫《彭贝的毁灭》)——就点出这个情调。但印蒂尽管置身绝望的历史情境中,却仍然葆有纯正的道德理想精神。用作品中瞿萦对印蒂的话说,就是“我们全有着原始人对永恒的迷恋,对生命幻化的惊奇,固执的发掘生命底蕴,放纵最大的想象力,却又企图从这里建立一套固定的观念体系,在极度浪漫主义中,仍保持着古典的谨严。其中最大特征是:尽可能使生命复杂化,却又不忘记在复杂中追求统一的和谐”。[29]其实,这种特征也透露了无名氏的思想特征:思想既不乏离经叛道的先锋色彩,又渗透着强烈的传统的殉道精神。因而印蒂的人生寻找既有存在主义虚无情调的深刻性,又时时显出不合时宜的堂吉诃德式的浪漫的理想色彩。当他手执长矛向一个假想的目标进击时,他是那么英勇无畏,但在局外人看来,又有些迂阔好笑。对印蒂的这个特点,海外著名学者丛甦因此评论道:“在他(印蒂)的追寻里,……他像那形容枯槁、盾折马毙的唐吉诃德,迎着另一个日出,另一个风车,永远整顿上马,永远仆跌追寻。我们不敢讥笑他的迂阔与执着,只感激他的无辜和坚持。因为,在印蒂的旅程里,他也正如那午夜旷郊孤独的喊声,回应着我们自己最深的焦急与抗议。在他的追寻里,人,这可怜可叹可歌可泣可悲可悯、可爱复可卑的宇宙孤儿,人,这20世纪‘荒原’里的浮士德,也探寻到他最终的拯救与归宿。”[30]印蒂的追求几乎像一个行走在险恶夜色中的荒野上的理想漫游客,尽管前途榛莽塞途,他似乎视若无睹,"他关注的是一种纯粹精神的理想原则"。[31]当印蒂在华夏大地硝烟迷漫的时候,于西子湖畔建立了一个乌托邦色彩的"地球农场"时,这种堂吉诃德的行为被推向了高潮。

但另一方面,印蒂又不是一个单纯的堂吉诃德式的人物,他的人生追寻的每一个阶段既不像《神曲》那样由维吉尔和贝阿特丽采指引,也不像《浮士德》那样由魔鬼靡非斯特从外部来推动。印蒂追寻的每一次蜕变都来自理性的怀疑主义反省,即使在大革命的高潮中,他的心头也飘拂着拿捏不定的狐疑思绪:"每届紧张工作后,独自静下来时,内心深处总有一片模糊的彷徨。在群众里,在同志间,在工作中,一种简单的信仰决心抹煞一切,彷徨毫不可能存在。但当他极其孤独而幽静时,才想听听内心声音,这种恍惚的彷徨就出现了。其实,这也是一个小涡流被混乱撞击时的一种必然彷徨。"[32]及至他亲历、目睹了大革命的危机和屠戮后,他对政治革命的怀疑主义情绪更为突出了,他感到:"革命本为铲除丑恶,难道自己也大规模开办'丑恶'工厂,日夜加工赶造大批'丑恶'?"[33]这种怀疑主义理性偏执,陪伴着印蒂的每一次人生追求的选择当口,表现了明显的哈姆雷特情调。这种理性的狐疑特点,与其说是小资产阶级知识分子的软弱性,毋宁说是20世纪上半叶中国先进知识分子主体性觉醒的标志。启动印蒂"上天入地"的人生寻找的动机,是生命朦胧的对"意义"(在印蒂那里表现为对"圆全"的寻找)的渴望,其实在印蒂那里出现的许多反思,其根本都可归结为对哈姆雷特的那句"To be or not to be"的回答,这句疑问性的咏叹句之所以在文化史上不绝如缕,乃是因为它表明了生命在"意义"不清时,选择是一件多么困难的事。

由此可见,印蒂的一身集中了堂吉诃德的理想主义与哈姆雷特的怀疑主义因素,这两种因素的实质,其实就是行动和思想的区别。理想主义是行动的指南和动力,而怀疑主义则是思想的表征。不停地对人生的形而上意义的叩问和不停地对人生世相的选择,构成了印蒂性格的核心内容。这种对人生终极意义的寻访注定了他身上具有某种理想主义者的特点,因而他对社会变革绝不是抱着与己无关的态度,投身政治和最后营造"地球农场",均是理想主义态度的展现。但另一方面,他又是一个视思想为生命的人,奉思想的理性精神具有至高无上的地位:"在生命中,只有一样东西是人对自然最伟大的恩赐:思想。人唯一能自比于上帝的,是思想。删掉思想历史,人类几乎没有真正历史,芟除思想,就几乎没有人。"[34]思想的重要性还表现在被无名氏和印蒂看作是生命进化到成熟阶段的产物:"人起先是官能人,接着是想象人,渐渐的,是记忆人,最终而且最困难的,才是思想人,从官能到真正思想,是从婴儿到成人。一切精神的总和,只不过为了成全一种理想,一种思想原则,一种信仰。"[35]这些思想又展现了印蒂哈姆雷特的特征。

浮士德的线性追求精神,堂吉诃德的理想主义精神和哈姆雷特的怀疑主义精神,共同铸成了印蒂的"肉身",这表明了20世纪上半叶中国知识分子心态的异常复杂色彩。他们生于一个动荡绝望的时代,而且就现实政治来说,只能使他们更加失望。犹豫彷徨不能不使他们走向哈姆雷特式的内心独白,这种情况在鲁迅、周作人乃至瞿秋白身上都体现得非常明显。但先进的中国知识分子身上都存在着浓厚的民族和社会的责任感和兼济天下的匡世救国意识,他们不断从个人的哈姆雷特生活中走出,缺乏论证地去拥抱堂吉诃德,用自己不自信的行动去悲壮地承载明天的希望。在某种意义上,印蒂的思想和性格的复杂性也是中国现代知识分子思想复杂性的一个整合,揭示了他们那一代人精神的骚动紧张状态。

这么多理念内容加诸印蒂身上,显示了印蒂所具有的不同一般的艺术品性,他显然不是一个可以用普通的现实和生活逻辑加以规范的人物。也正如无名氏所申说的:"我的人物描写,带点魔幻的意味,都在虚实之间。"[36]因此,印蒂这个艺术形象是一个艺术象征体系中逸出的精灵,生命的复杂内涵和人生过程的象征意义是他的本色。只有这样,我们才能理解印蒂为什么在人生诸相间的不停奔走。这种固执的一味追求,如果放到现实主义的艺术原则中去衡量,它的突兀和生硬都是难以解释的,然而当它们与生命的内在复杂矛盾性相联系时,一切都显得合理熨贴。印蒂的不停追求,负载了生命本性的各个方面,生命根植的内在矛盾性就是印蒂在人生路上狂奔的动力。

上述情形表明,《无名书》具有突出的形而上艺术追求。当然这种对艺术形而上品格的追求,不应该是抽象思维和理性说教在作品中的肆意泛滥,而应该从艺术体验的深度、象征的深度以及意蕴的深度的恰当表达中得到体现。无名氏在创作《无名书》的过程中也一再告诫自己:"形象! 形象!"但一旦他的思想像野马一样狂奔,他自己也禁不住这种思想洪流,以至有形而上泛滥之嫌。这多少影响了《无名书》的艺术完善性。

作为一种试图展示 20 世纪中国知识分子的"心灵史"的哲理性作品,《无名书》是一个文学创体,它是否能完善地承担无名氏过于庞大的文化思想企图,这一点连无名氏自己也不能说很有把握,他曾经谨慎地开脱说,《无名书》"由于是想探索开辟诗小说与哲理小说及其他等等综合艺术体系,筚路蓝缕,免不了出现问题,甚至是无法解决的问题。总是,吴(无名氏自己的代称——笔者)有心想反叛写实主义的传统,至少,大大背离这一传统,这样,有时可能就焦头烂额了"。[37]席勒在给歌德的信中谈到《浮士德》的创作时,曾真诚地提请歌德注意,"浮士德(我指的是作品)除有全部诗歌特点外,不应完全排除象征意义上的要求,这大概是符合您本人的思想的。同时我们不能忽视人类本性的两重性,不能忽视把精神和肉体的东西在人身上结合起来的失败追求。由于情节过渡并且应当过渡为某种十分鲜明而又没有固定形体的东西,所以就不想停留在对象本身上,而要从对象向思想过渡。一句话,对'浮士德'提出的要求既是哲学要求,又是诗歌要求,不管您多么想摆脱这些要求,对象的本性毕竟要赋予对其进行哲学加工的任务"。[38]就无名氏赋予印蒂的人生哲理性质看,这个人物当然具有艺术上的浮士德性质。但无名氏笔下的印蒂显然在这个方面没有像歌德对待浮士德那样,一再将其在诗的天国中提炼提升他的哲理品格,当然更没有得到类似席勒那样的慧眼和知己的忠告。印蒂暧昧地摇摆于象征和写实之间。

从印蒂的艺术个性和独特的人生行为来看,他只能存身于艺术的象征系统内,只有在这里他才自洽并辐射着深厚的意义光芒。但从作品不时加给他的社会现实生活背景——比如大革命、抗战等事件——来看,他的思想、行为和履历又"踏实"地粘滞于写实的层面,与时代和现实声息相通,他又成了 20 世纪上半叶中国特定时空条件下的一个充满社会责任感和道德精神的知识分子形象,反映了先进的知识分子为社会、民族以及个人的前途而不息探求的艰难过程。由此,人物的形而上品质突入了形而下生活。这种作品的艺术性质的摇摆分裂现象可能导源于作者创作指导思想的大胆无羁却又拿捏不定的心理状态。尽管如此,《无名书》对人生的形而上追求也是一部在中国现当代文学史上占有重要地位的作品。文学整体的形而上缺失,是中国现当代文学创作分量较轻的因素之一。而《无名书》应是对此的一个举足轻重的弥补。它以浓烈深邃的形而上品格,接续了西方近代以来的一个经典主题,这个主题,在中国现当代文学中显然是一个尚未得到充分发掘的方面。

五、语言对风格的定型试验

除此之外,《无名书》的语言文体卓具风格。无名氏似乎竭尽全力在作品中寻找一条由语言通向生命洪流——通过印蒂——的道路。他把《无名书》的艺术风格定位在——"其整个姿态,就是舞蹈与建筑的化身。它具备舞蹈的流动性与凝定性;在某种程度,又有建筑的坚硬性、浮雕性、沉着性"。[39] 舞蹈和建筑象征着生命的动态和静态,推动语言去摹写和构筑生命的河流与质感,形成了《无名书》独一无二的风格。

《无名书》的第一卷《野兽、野兽、野兽》,是对主人公印蒂投身政治革命的描写,大革命的轰轰烈烈的场面和火山爆发般的气势形成了特有的时代氛围。无名氏认为,革命是生命火山般的骚动与狂怒,"火山是盲动的,地球是盲动的,地球的旋转也是盲动的,一切盲动正是生命力的象征。革命也正是这样的火山"。"革命只是情绪的表现"。[40] 为了表现革命的非理性的"崩山裂岩"的狂暴特征,无名氏便选择了一种极富煽动色彩、粗糙有力的语言,力图让革命的躁动气息、混乱局面、声嘶力竭,通过语言传递出来。"革命"在无名氏看来有些像刺耳的噪音,乱人心神但无比有力。[41] 比如对大革命高潮中的广州,他有一段描写:

> 啊!广州!广州!你人类原始情感的图腾!你柱上雕的不是袋鼠和水牛,不是烟雨霜风,不是豪猪、白象、山猴胃、鱼尾巴。你雕的是一片淋血,血里涌出两个大字:"正义"!在血里面,你电霞样放光,你古墨西哥土人似的捧出鲜红的燔祭。你原始翼手龙和始祖鸟般的第一次教人"飞翔"。你干将莫邪样第一次向人间形容:复仇是怎样美!你癫痫式的热爱这一代中国青年,你灵迹式的疗愈他们所有精神病态:瘫痪、战粟症、静性失调、脑脊梅毒、昏睡脑炎、肌肉易挠症、……。你锻冶了土地。你把人与土地凝成一片。你教导他们:要有山岳式的热情,更要像山岳似的工作。无穷工作与无穷上升,扑斗是一切的一切!

这种狂暴的歇斯底里式的语言是无名氏刻意追求的,他要把他对大革命的感觉、认识和理念,渗透到《野兽、野兽、野兽》的创作文字中,让生命的洪流狂奔乱突。在这里,革命情境中的特有混乱、喧嚣被敷衍成一片语言废墟上的石块,显得杂乱无章,粗野狞厉,但却棱角分明、质直有力。革命既然不是一首柔滑温润的雅乐,那么,无名氏当然有权用不雅驯的文字把它复制出来。

但《海艳》的情况有所不同,无名氏似乎想用空灵的色彩营造一个精致的浪漫画卷。当爱情幽幽地来到印蒂身边时,一切都变得那么优柔舒展,轻灵细腻。无名氏自述,写《海艳》时,"我追求、而且在试验创作的,正是这种空灵境、空灵思、空灵情、空灵语,和空灵格调。明知空灵只在高空云际,雨雾霓虹中,我偏想捕捉它,带到杭州山间、湖上"。[42] 于是柔曼空灵的文字洒落在西湖的敛艳波光中:

风、光、水、色、花、树、香、影、山、鸟、船、鱼、云、浪、堤、石、苔、气、蝉、音、林、呗、天、静——一切在静静蒸腾,氤氲、炉烟样袅袅。风穿光、水穿色、花穿香、树穿影、山穿鸟、船穿浪、鱼穿云、蝉穿声。整个自然用光色香影声与无声穿戴着,一袭又一袭,飘漾在夏季午后。[43]

《金色的蛇夜》实际上是展示生命下降到官能欲望深渊中的黑色狂欢,世纪末的腐化堕落是其特色。作为“金色的蛇夜”的象征,无名氏在开篇竭尽渲染之能事,描摹了一幅名叫“末日”的油画,表现的是意大利古城庞贝被维苏威火山葬入岩浆之前,人们醉生梦死般地寻欢作乐的淫逸场面:“它们的野趣只有一个:灿烂出一片沙漠的狂渴,凝造一片荒淫的瀑流,重显古代酒池肉林的艳景。藉这一簇簇巨大色情狂焰,它们绘画出肉体最深的地狱、最黑暗的戏剧。狂舞尽头处,在狰狞的光影中,无声的幽灵,一个个,浑身黑烟水晶色彩,慢沉沉隐现着,把死的黝影投到舞者脸上、臂上、身上。但舞蹈者毫不知觉,依旧沉酣在淫乱的性线条里。”[44]通过这样一个画面,无名氏象征并披露了他要在《金色的蛇夜》中描述和揭示的内容:浓重的夜色,莎卡罗的黑色衣衫,“漂海”(走私)的夜海狂涛,三峡的深夜怪声……夜和黑暗组成了整部作品的场景和心理底色,让人对人的原始欲望深表恐惧。语言向人性的阴暗内容的突入应该说是成功的。

《死的岩层》表现的是印蒂对宗教的皈依过程,无名氏赋予宗教以拯救人类的作用,而且《无名书》里印蒂的生命寻找是循着感性盲动(政治现实是其象征)——爱情浪漫——欲望沉沦——精神反思——宗教情怀的路向发展的,这也代表了无名氏将精神拯救看作是人类生活的高级形态的一种看法。印蒂人生的六次转换,就生命的形态来说,实际上只有三个:即“青年的拜伦狂热,中年的波德莱尔颓废,晚年的歌德宁静”。[45]而从印蒂的卓绝寻找的由感性向理性再向宗教的跋涉的心灵轨迹来看,又表现为“艺术”、“哲学”、“宗教”三部曲。也可以说,这三部曲代表了生命不可缺少的三种成分,它们互相补充,共同编织了生命。缘于此,无名氏说道:"艺术创造情感,哲学净化情感,宗教安全情感。这三者河水不犯井水。换言之,艺术创造生命力,哲学澄化且明静生命力,宗教稳定且巩固生命力,艺术本是一大和谐。"[46]宗教的精神功能在无名氏的生命观中被放置在最高层面,因而他在探讨宗教的《死的岩层》中,便以十分庄重的语言呵护和礼赞它。作为总体象征,无名氏以虔诚的语言对十字架作了下列描述:"十字架,闪金烁光,哗哗于一片烛光中。这是高空的十字形的眼睛,以十字状的奇特视觉,凝视这方痛苦空间,这个痛苦地球。视线是如此凄厉,仿佛每一闪,都滴着一千九百年前各各他山上的血,每一碰,全含蕴着万万千千人的悲剧。祭坛上,猩如烛穗在摇舞,浏亮铃声不时震响,神父白色法衣悠悠粼漾,信徒们诵经声喃喃不绝……"[47]

中国文字到底有什么特点?到底有多大的艺术表现力?这是无名氏一边探讨一边又在《无名书》的创作中实践的课题。他曾经感到,"中国文字或许比西洋文字更适宜表现音乐性的灵感。西洋文字是拼音的,字母中本带有音乐节奏和情绪,中国文字是象形的,较具有绘画性。在本已有音乐节奏和情绪的符号中,再纳入音乐节奏、情绪,似乎不大可能,但在本没有音乐节奏、情绪的符号中,它却留下位置等待音乐节奏、情绪装进去。就此点说,作为纯粹符号的文字艺术,中国文字也许比西洋文字具有更多艺术性。因为,它可兼容绘画性与音乐性,西洋文字却只能容纳后者"。[48]《无名书》作为无名氏文化理念的语言试验,确实在音乐的流动性与建筑的凝定性方面取得了相当的成功。不仅从内容上说,印蒂的不息的人生追求像江河奔流,像一曲骏奔的交响乐,而且从字面的艺术效果看,它们裹挟着流动的气势和力度。

从无名氏的气质来说,他似乎不喜欢文字的清淡缠绵风格,他喜欢文字的斧斫风格。他挑选文字就像在铁砧上打铁,火花四溅过后,获得的是瘦硬的纯钢。他的文字的色彩感很强,并且不是那种柔和的色彩,就像是他欣赏的后期印象派大师凡·高或高更、塞尚的作品,色彩对比突出,亮丽夺目,似乎它们不是文字,而是燃烧的色彩的火焰。你尽可以不喜欢这种色调,但你无法回避这种古怪浓艳色彩中包蕴的生命质素对你的巨大冲击力。无名氏的文学语言和使用的语汇是极端个人风格化的,重句、叠句、叠词、叠字、单字,常常被他根据需要而随意调动,有时是为了营造某种音乐气势,如《野兽、野兽、野兽》的"楔子";有时是为了渲染某种画面,如《海艳》的西湖风光;有时是为了表达某种质感或文化观念的需要。当然,尝试也可能会造成失误,这是难以避免的。对于无名氏的文学语言,人们大多会新鲜和生涩一同感受到,而造成这种情况的原因,是因为无名氏"几乎甩弃所有前代和同代作家的语汇,每字每句都别出心裁,重新燃烧,重新锤炼"。[49]

注　释

[1]《无名氏生死下落》,香港新闻天地社,1976 年,第 42 页。

[2]《无名氏生死下落》,香港新闻天地社,1976 年,第 43 页。

[3]《淡水鱼冥思》,花城出版社,1995 年,第 208 页。

[4] 引自司马长风:《中国新文学史》下卷,香港昭明出版社,1978 年,第 10 页。

[5]《野兽、野兽、野兽》,花城出版社,1995 年,第 159 页。

[6]《海艳·自序》(修正版),花城出版社,1995 年。

[7]《海艳》,花城出版社,1995 年,第 382 页。

[8] 根据 1996 年 2 月 20 日晚无名氏给汪应果的越洋电话记录。

[9] [美]保罗·蒂利希:《文化神学》,工人出版社,1988 年,第 7 页。

[10]《淡水鱼冥思》,花城出版社,1995 年,第 203～204 页。

[11]《淡水鱼冥思》,花城出版社,1995 年,第 155 页。

[12]《无名氏自选集·自序》,台湾黎明文化事业公司,1985 年。

[13] 参阅王维克译:《神曲》,人民文学出版社,1954 年。

[14] [美]保罗·蒂利希:《存在的勇气》,贵州人民出版社,1998 年,第 129～130 页。

[15] 参阅钱春绮译:《浮士德》,上海译文出版社,1982 年版。

[16] 引自[德]蓝德曼:《哲学人类学》,工人出版社,1988年,第250页。

[17]《淡水鱼冥思》,花城出版社,1995年,第193页。

[18] 参见严家炎:《中国现代小说流派史》,人民文学出版社,1989年,第313页。

[19]《海艳·自序》(修正版),花城出版社,1995年。

[20] 引自1996年2月20日晚无名氏给汪应果的电话记录。

[21]《而已集·小杂感》,《鲁迅全集》第3卷,第532页。

[22]《野兽、野兽、野兽》,花城出版社,1995年,第299页。

[23]《淡水鱼冥思》,花城出版社,1995年,第133页。

[24] 引自丛甦:《印蒂的追寻》,《现代心灵的探索》,台湾黎明文化事业公司,1989年,第15页。

[25]《野兽、野兽、野兽》,花城出版社,1995年,第160页。

[26]《野兽、野兽、野兽》,花城出版社,1995年,第338页。

[27]《野兽、野兽、野兽》,花城出版社,1995年,第164页。

[28][美]赫舍尔:《人是谁》,贵州人民出版社,1994年,第61页。

[29]《海艳》,花城出版社,1995年,第250页。

[30] 丛甦:《印蒂的追寻》,《现代心灵的探索》,台湾黎明文化事业公司,1989年,第48页。

[31] 钱理群:《丰富的痛苦》,时代文艺出版社,1993年,第289页。

[32]《野兽、野兽、野兽》,花城出版社,1995年,第148页。

[33]《野兽、野兽、野兽》,花城出版社,1995年,第344页。

[34]《开花在星云以外》,香港新闻天地社,1983年,第152页。

[35]《开花在星云以外》,香港新闻天地社,1983年,第153页。

[36] 引自1998年5月9日晚无名氏给汪应果的电话记录。

[37]《艺文书简·致丛甦书》第一函,《鱼简》,台湾远景出版公司,1983年。

[38] 引自[苏]阿尼克斯特著:《歌德与〈浮士德〉》,北京三联书店,1986年,第146~147页。

[39]《淡水鱼冥思》,花城出版社,1995年,第208页。

[40]《野兽、野兽、野兽》,花城出版社,1995年,第73页。

[41] 关于《无名书》各卷所采用的语言风格的构想,根据无名氏1998年10月27日在南京大学中文系的演讲录音。见本书附录二。

[42]《海艳·自序》(修正版),花城出版社,1995年。

[43]《海艳》,花城出版社,1995年,第286页。

[44]《金色的蛇夜》,第2页。

[45]《金色的蛇夜》,第409页。

[46]《淡水鱼冥思》,花城出版社,1995年,第176页。

[47]《死的岩层》,香港新闻天地社,1981年,第1页。

[48]《淡水鱼冥思》,花城出版社,1995年,第184页。

[49]司马长风:《中国新文学史》下卷,香港昭明出版社,1978年,第106～
107页。

附录一：

对 立 与 互 补

——从巴金到无名氏

"第四届巴金国际学术研讨会"给与会者出了个好题目："巴金与同时代人"，顾名思义，就是希望与会者从更为广阔的背景上来思索巴金及其他作家们的意义和价值。按照列宁的说法，每一位真正的作家都反映了那一时代的某些本质的方面，换句话说，这个作家的文化人格往往就体现着这一本质。

在与巴金同时代的众多作家中，我们的目光注意到了无名氏——一位在 20 世纪 40 年代与徐讦齐名、之后又神秘地"失踪"了的人物。之所以注意到他，是因为他与巴金具有太多的相似又具有太大的不同，就像是灿烂的钻石和乌黑的煤炭，外表的巨大差异却隐含着共同具有碳元素的本质。

他们的确太不相同了，巴金青年时代信仰安那其主义，无名氏追求自由主义；巴金热衷于社会和社会革命，无名氏则对社会革命持反思否定态度，而对民族文化的走向问题却怀有持久的兴趣；巴金的创作倾向于批判现实主义，无名氏则热衷于现代主义；巴金对现实生活充满着"激情"般的热情而对爱情题材却颇有点像"寒夜"；无名氏对爱情则充满着浪漫的"北极风情"，而对现实却是一片"死的岩层"……不妨说，无论从政治信仰、人生目的、创作动机、创作方法等等方面看，他们都是两股道上跑的车，像冰炭、像水火不能相容。

然而他们又太相似了。他们同为被"五四"唤醒的一代人，他们同样把鲁迅尊奉为自己最心爱的老师，他们在青年时都有背叛家庭、离家出走的经历，他们在其后的人生旅途都置身于政治漩涡之外并始终清醒地坚持独立人格，他们在"文革"中也同样经历了家破人亡的悲剧命运……

那么，这一切到底是因为什么？我们能否通过这两个人大异大同的创作个性而领悟到有关中国现代文学的深层次的命题？

中国的学术研究从来没有永恒的命题，它不似西方的文化学术界可以将"灵魂是什么"、"上帝的意图是什么"、"宇宙从何而来"这一类问题连续问它个几千年，并由此对宗教、对科学产生永远的推动力，同时又使他们的学术研究产生不停地向纵深运动的掘进力。中国不是这样，中国的文学在大多数时候总是给主流话语做诠释，因而跟真正的科学发现没有多大关系。20世纪30、40年代的"中间人物论"的争论给今天的学术思想留下了什么呢？关于"双革"的漫天宣传又给全世界文学的发展推动了多少呢？它们就像晨露早已挥发殆尽，而我们大概也就永远只能满足这种自说自话的状态。

那么，当我们把巴金和无名氏放在一起时，是不是应该问几个稍稍能经得起时间考验的问题呢？比方说，如此巨大差异的两个人为什么竟会是同一种命运？为什么在20世纪30、40年代现代主义的艺术会与各种现实主义流派争奇斗妍、以后又销声匿迹？能不能用西风东渐各种西方文艺思潮在中国匆匆过场做一个搪塞？在这些现象的背后是否隐藏着什么深刻的社会机制动因？

说到底，巴金与无名氏是两个绝然无关的孤立的文学现象，还是他们之间有什么无所不在的"万有引力"？

一

诚然，这种"万有引力"是存在的，这就是对自由的向往。在他们的思想和创作的地平线上都浮动着西方文化的广阔背景。

在巴金，俄国和法国的思想文化广泛地渗进了他的血液；在无名氏，这一背景显示了更为复杂的状态：乔伊斯、沃尔芙、普鲁斯特、劳伦斯、海德格尔这些名字和他们的著作，即使对于当时的欧洲思想文化界而言,也具有先锋的色彩,但却已经被无名氏敏锐地捕捉到。让人震惊的是,这些现代主义作家和思想家真正被中国思想文化界所了解还是最近十多年的事情,而青年时期的无名氏在大半个世纪之前确实就已经理解了。

就在他们的表现出来的差异背后,潜匿着某种必然的联系。巴金后来承认:"无政府主义使我满意的地方是它重视个人自由,而又没有一种正式的、严密的组织。"[1]他认为,"安那其才是真自由,共产才是真平等"。[2]这说明,无政府主义强调的绝对自由,其实就是自由主义思想的极端发展,它"要打破一切虚伪的、人为的、不自然的、拘束我们的自由",追求的是"绝对的自由主义"。[3]

对手无名氏来说,他对个人价值的坚守和超脱于党派之上的政治见解,无不烙着自由主义的深刻印记。他借着他钟爱的笔下人物印蒂的口宣言:"一个人生下来,并不单有做革命家和政治家的权利,也有做木匠泥水匠或者其他各种人的权利。大自然是自由的,人也是自由的。现在,我不凭别的,只凭我做人的自由权利,来结束我十年来的一章,再揭开新一章。"[4]

概括地讲,巴金在自由主义的天平上处在激进革命的一端,无名氏则在这个天平上处在相对的保守的文化反思的一端。他把文化问题置于政治革命之上,认为社会革命,"在政治上是个政治革命,在文化上其实是个宗教革命。纯粹政治主张或政见,只能解决一时的社会问题,不能解决人类的永久信仰的。能给人永久信仰的,只有宗教"。[5]

然而如果我们再细细地把天平两端加以考量,我们就会发现,从巴金的这一端到无名氏的那一端表现出了理性运动的时序和层次。巴金关注的是现实的层面,无名氏关注的是观念的层面;巴金执意于反抗和破坏,他说:"我一直把我的笔当作攻击旧社会、旧制度的武器来使用。倘使不是为了向不合理的制度进攻,我绝不会写小说。"[6]而无名氏则孜孜以求于建设,在他花费数十年心血构筑的煌煌长篇系列《无名书》中坚信:"如能预期完成这个多年计划,我相信无论在艺术上、思想上，对中国和世界总有涓滴之献。——我主要野心实在探讨未来人类的信仰和思想：由感觉——思想——信仰——社会问题及政治经济。我相信一个伟大的新宗教、新信仰即将出现在地球上。"[7]其实，这一时序与层次本身就浓缩了西方文学由现实主义转向现代主义，人们在理性运动中的推移的历程。

同样，巴金与无名氏的人生还有一个有意思的"巧合"，这就是他们俩都以离家出走的方式完成了步入青春的仪式。而在这相同之中，我们仍然看到了从现实主义到现代主义的推移：巴金心目中的家是封建专制制度的集中体现，是"家—国"同构的概念。因此他的离家出走，就是宣布与旧制度的彻底决裂。至于出走之后该怎么办，巴金当时心里并没有数，就像他自己承认的那样："即使是我最好的作品，也不过是像个并不高明的医生开的诊断书那样，看到了旧社会的一些毛病，却开不出治病的药方。"无名氏则与他不同，他心目中的家是温馨的，但却仅仅是人生意义的起点。他以他笔下的人物印蒂的执着追求，阐释了作者内心的想法，这就是离家出走的目的是为了解决生命的信仰问题——为了解决"存在"的大问题。而这，恰恰是现代主义文学需要面对的中心问题。印蒂有一句话："我整个灵魂目前只有一个要求：必须去找，找，找……这个东西是什么？我不知道……这是比生命还重要的东西。"[8]从这儿就可明显地看出，同样地出走，却表现了不同的人生关注。而这关注的转移，在西方，却是经过巨大的社会转型才完成的。

当我们把这两者的离家出走放在一起时，我们就会发现，觉慧的毅然出川，在印蒂的追求中找到了归宿。在这里，巴金与无名氏的表面上的对立与差异，却表现同为骨子里的相通，他们之间构成了中国现代文学的完整段落。

巴金与无名氏，实际上揭示了中国现实主义文学与现代主义文学的内在联系。

为此，我们有必要为现代主义的文学正名，现代主义文学尽管在中国现代文学史上未形成波澜壮阔的局面，但它却是中国现代文学融进世界文学发展前沿的不可或缺的标志和重要因素。现实主义的主潮虽然排斥挤兑过这一脉文学细流，可它以艺术的表现方式、感受生活的角度以及思想的新异，大大丰富了现代文学的创作，并合乎逻辑地成为现实主义文学主潮的必要补充。

中国现代主义文学在中国现代文学史上到底处于什么样的地位，这必须追溯到中国现代文学的"现代性"问题上。而对"现代性"的考察，显然需要对时间观念进行简单的探讨。

在中国古代的传统文化中，时间是以循环论的方式呈现的。生死轮回，四季交替，昼夜相继，朝代更迭，这些昭示时间演化的观念鲜有进化和发展的意义。如西方学者蒂利希所说，在中国古代的时间观中，"现在是过去的结果，而根本不是未来的预测"。[9]因为在循环论时间观中，未来是没有开放意义的。而"现代"是一个相对于"近代"、"古代"等时间概念而提出的概念，它只能产生在与循环论的时间观不同的文化系统，它所标志的时间之矢直指不归的"未来"。因此，"现代"观念只能产生于线性时间观中。这无疑是基督教的传统，基督教的上帝创造了世界，也开启了时间之门，时间之矢由此飞逝着，不可挽回地向着设定的目标——世界末日——奔去。

现代文学仅从字面上看，就贯穿了一种中国传统文化缺失的线性时间意识——如古代、近代、现代、当代等时间标志，同时含有强烈的目地论色彩。就前者来说，中国古代的社会文化中尽管兼有线性的时间观和循环的时间观，如孔子就曾经站在黄河边上，看着滚滚东逝的流水，一去不返，感叹地说："逝者如斯夫。"但更多的情况下，线性时间观被消弭在循环论的时间观中，在社会历史观和人生观中表现得尤其如此。就社会历史而言，中国只有朝代的更迭，而每一个朝代基本上只是前一个朝代盛衰的重演，鲜有进化性的进步；至于人生观，中国传统人生就更是缺少线性时间意识了。苏东坡在著名的《前赤壁赋》中有一句话，可以看作是对中国传统人生态度的精粹概括，差不多说尽了此中的奥秘。他认为人生无所谓短长，感喟人生之短的人徒然是给自己找麻烦，因为"自其变者而观之，物与我竟不能于一瞬；自其不变者而观之,物与我皆无尽也"。这实际上就是对庄子描述的人生的逍遥境界的另一种高度概括。线性的时间意识必须体现为某种目地论性质,如果不是这样,线性的时间意识就缺少了参照。具体到我们说的中国现代文学,那么,何谓"现代文学"呢? 所谓现代性,必须有一个外在的参照目标,逼近和追赶这个目标应该成为她内在的动力。从这个意义上说,中国现代文学发展的动力是融入世界先进的文化发展思潮的眼光和努力。

因此,"现代"观念的确立,首先来自时间观念的根本性变化,它导致了进化论的历史观的形成。当然这种情况不是在宁静的文化环境中以完全理性化的方式产生的,而是中国人在饱受屈辱,面临生存危机、民族危亡的历史境遇中,与焦灼而共生的。进化论带给中国人的是对过去和现在的绝望,对未来的希望。线性的时间观和进化论的历史观便在先进的中国人的思想中扎下了根。这种时间观和历史观蕴含了浓厚的目的论色彩,即线性地开展中悬设着人类的目的物。指出这一点是重要的,它实际暗示了我们"现代"观念是在怎样的历史环境中慢慢形成的:从洋务运动,戊戌变法、辛亥革命到五四运动,中国人妄自尊大,"老子天下第一"的心态发生了巨变,上述历史事件的核心都以追赶西洋社会历史作为目标。从这个角度来说,中国现代文学的现代化要求和现代化特征应该与上述观念保持着历史的同步关系,它不应是封闭系统中的自言自语。其实,中国现代文学的发难者胡适、奠基者鲁迅、推波助澜者郭沫若等的思想和创作中,都夺目地漾动着西方思想文化的复杂的当代因素,没有这些舶来的因素,中国现代文学的"现代性"将无从谈起。

因而从本质上说,中国现代文学不是中国古代文化传统的合法继承者,而是这一传统的贼臣逆子。正是这种叛逆性构成了它与古代文化传统的质的分野,五四新文化的中坚们,如胡适、陈独秀、鲁迅、钱玄同、刘半农等,都是传统文化的激烈颠覆者。

在中西文化互为参照的框架内,现代文学对中国传统文化的背离是以对西方文化的靠近为标志的。换句话,它离中国古代传统文化越远,它现代化的成分就越高。因而在极端的意义上,越带有西化的成分,越具备现代化的品格。这是中国现代文学决绝地斩断了与传统文化的母体的脐带后,在特定的历史环境中的必然抉择。矫枉必须过正,这就是为什么五四时期的激进做法能赢得人心的原因。

文化的差异是否构成进化的高下分别,这是一个可以讨论的问题。但"五四"时期的人们确实把文化置入了进化的行列。郑伯奇就是以这样的眼光看待中国现代文学的第一个十年的,他描述道:"西欧二百年中的历史在这里很快地反复了一番。这不是说中国的新文学已经成长到和西欧各国同一的水准。落后的国家虽然急起直追也断不能一跃而跻于先进之列。尤其是文学艺术方面。精神遗产的微薄常常使后进国暴露出它的弱点。我们只想指出这短短十年中间,西欧两世纪所经过了的文学上的种种动向,都在中国很匆促地而又很杂乱地出现过来。"[10]西方文化在五四时期是以强势身份出现的,因此它被中国人热烈引进和自然输入,这是不可避免的。如果我们的文学还没有跻身与西方文学平等对话的程度,还有什么资格奢谈"现代化"呢?

因此,现代主义不是洪水猛兽,也不应成为现实主义的对立面,而应视作是现实主义的进一步发展,是中国现代文学"现代性"的组成部分。我们认为,如果没有现代主义的有效参与,中国现代文学的百花园将是苍白单调的,且与世界现代文学的差距拉大。只要人们不囿于偏见,就会承认鲁迅、郭沫若的文学创作中存在着多种现代主义成分。象征派诗歌、现代派诗歌、新感觉派小说、心理分析小说、九叶诗派诗歌、后期现代派小说,它们都给中国现代文学带来了别开生面的成果。而作为后期现代派的中坚,无名氏的文学成就是不应被历史忽视的。

由此,无名氏的现代主义艺术操守是需要另眼相看并为之辩护的。他尽管与巴金在艺术创作上持有不同的观点,但一道为中国现代文学做出了巨大贡献。

二

另外，我们还可以换一种思路来思考巴金与无名氏的内在联系。

如前所述，中国现代文学"现代化"实质上包含了"西方化"的进程。那么，为什么作为 20 世纪西方文艺主流的现代主义艺术在中国却始终处在断多续少的边缘状态？为什么作为西方现实主义艺术主导倾向的批判性特征在中国却始终遭到非议，以至连巴金本人过去都多次宣称要烧掉自己写过的书？到底我们该怎样理解、怎样评述中国文学的"现代化"进程？

为了从理论上说清楚这些问题，我们大概不得不跳出狭窄的文学理论的视野，而求助诞生于 20 世纪后半叶的新的综合学科。

根据这门学科的理论，它认为现实世界——从社会体系、经济制度、文化现象到活细胞等——都存在相同的关联性。它们都是自组织、自生长、自我进化的，类似于生命现象。而在大自然中，永远存在着"秩序←→混沌"的对立的两极，生命现象只能存在于秩序与混沌之间或者处在"混沌的边缘"。在这里，分子运动、细胞运动、信息运动、能量交换、个人或群体的行为、股民的活动等都空前活跃，它们既不会滑落到僵死凝固的秩序之中，又不会滑落到一片混沌而毫无结构、组织的状态，而是维持着奇妙的平衡。在这儿，它们会自组成各种各样的结构，演化为形形色色的生命。就在这个边缘地带，各种各样的类似生命的现象在进行选择，在互相竞争，在自我进化。而一旦某一系统中的某一选择被决定，那么这一系统就会按照这一选择往前发展，并断掉同时进行的其他选择路径——用术语表示就是"锁定"，一直到这一选择发展到失去活力，僵化死亡，或者被别的更强的系统所取代为止。大自然中一切非线性现象都莫不如此。

现在让我们来回顾上世纪末到本世纪初中国社会及文学的变化：清王朝的封建专制制度是一种凝固僵死的秩序，它，连同古典文学一起一朝覆灭，说明这种秩序已到了寿终正寝，于是它必然走向对立面——混沌。随之而来的军阀混战就是趋向混沌的表现。然而当时的中国毕竟还存在着国体、社会、家庭结构，还不是一个彻底的混沌，而是处在"混沌边缘"。因而各种"生命现象"在大破坏中也顽强地生长出来，各种思潮、各种文学社团、各种报纸杂志、各种社会运动风起云涌，——这就是"五四"时代。特别是当时来自西方的强大的信息源给这片混沌的边缘地带源源不绝地注入了丰富的营养基，因而中国现代文学的生命之树得以苗壮地成长。

然而所有类似生命的现象为了生存就必须适应，而适应的机制就是两个：反馈和预测，这个机制在一切复杂的适应性系统中都存在——无论经济、心智、生物体、乃至细菌、DNA……人类的文化显然也是一个内含着反馈与预测功能的模型。

现在我们再来观察新文学的诞生，就可以发现一个有趣的现象，那就是带有强大批判性的西方现实主义与现代主义在中国新文学中是同时诞生的，它们汇聚在鲁迅一个人的身上，这意味着什么？当我们今天强调文学的审美功能、强调文学要甩掉强加在他身上的政治功能，回到它自身的同时，人们显然忘记了，作为人类文化重要组成部分的文学艺术，还有一个潜在的永远无法甩掉的功能——预测和反馈，因为它们永远隐含着人们对他们所处的世界的观察、信念与预期，以及对他们行为规则的正确性的信念。从这个角度衡量文学，我们发现，现实主义显然偏重于反馈的功能，现代主义则无疑偏重于预测的功能。

当19世纪末中国封建社会走向解体，先进知识分子首选的"救国救亡"的武器竟然是文学，而文学主将鲁迅竟然一手操起现实主义大刀，一手操起现代主义大刀，这一切显然不是偶然的现象。正是这背后隐藏的生存适应性的机制在起作用——处于混沌边缘的社会在紧张地探求着进化的去路，因而它们需要不停地反馈与预测。

这一机制迅速发展为现实主义文学与现代主义文学这两股激流，而巴金与无名氏就各执一端，成为这一适应性机制的重要体现者，而它们的内在深刻联系就在于他们都为中华民族生存进化这一共同的使命在奋斗。

这里可能有人对于现代主义文学的预测功能会提出质疑。其实，只要了解西方现代主义为何取代现实主义的原因，人们就应该理解，正是因为西方人们对现实主义仅仅"摹拟"现实的不满，才导致现代主义的产生。正如先锋派作家罗纳德·苏肯尼克所说，"文化转向导致一项新的发现，即一切有关我们经验的描述、一切关于'现实'的说法，都具有虚构的本质"。"它与真实世界的唯一关系就是它将改进那个世界"。[11]几乎所有现代主义的大师们都一再强调他们在从事创作时那种对未知领域探索的艰辛[12]，他们宣称："现代主义文本依赖于对假设建构选择。"[13]

当我们明白这个道理，我们再重新看待半个世纪前巴金宣称不能闭眼不看现实的文学主张以及无名氏的"绝不接受现实主义，永远皈依未来派"[14]的宣言，就不能认为是一种带有意气的偏见，而应该看作是他们对各自的社会职能的坚守。

也正是因为现代主义及后现代主义都致力于预测，因而它们才特别关注"历史、文学、哲学等等的意义解释"，"因为它相信，对这些意义的争夺和构建最终能导致人的意识和社会的变革"。[15]而这也就是无名氏含辛茹苦写作《无名书》的精神动因，它与巴金的《激流三部曲》一起比较完整地阐释了中华文化的过去和未来，尽管这种未来仍然带有相当程度的臆测的成分。

现在我们应该回答现代主义的文学何以在中国只能处在边缘的位置这个问题了。当20世纪20年代，发源于湖南的农民运动如火如荼地展开之时，中国社会及历史特点给予了这一选择以无数的正反馈，从而使它迅速壮大为历史的主流，并在当时中国历史的多重方位的选择中迅速地占据了主要位置并最终成为大陆历史的唯一选择。这时，以农民文化为主体的主流话语亦迅速地将其他话语系统给以"锁定"。这就是20世纪中后期中国文化发展的总体态势。中国的现代化进程是通过亿万农民武装进城然后不停地"缴学费"往前推进的，而不是由西方文化的主要传播及承载者——知识精英——

推进的运动,这是与世界上绝大多数现代化国家所走过的根本不同的路径。根据毛泽东的看法,中国农民的最大特点和"优点",就是讲求实际,这就顺理成章地使现实主义的文学受到鼓励,并自然而然地成为文学的主流。然而对它其中的批判性只能多少给予保留的态度,即如巴金晚年的《随想录》,也只能被现实政治环境给以一定限度的容忍。至于专讲形而上的现代主义文学,由于它与主流话语距离过远,因而它也只能在"锁定"了发展前途之后自生自灭。这一切就造成了20世纪中国文学很少有哲理思想的超越的原因。

处于边缘状态的现代主义文学以及它的代表人物之一无名氏,只能就此"消逝"了;它们只能默默地等待新的历史契机。

三

新的历史契机终于被等到了。

70年代末,改革开放的浪潮证明了原先奉行的僵死政治、经济模式已走到了尽头,它所产生的"假大空"及文化专制主义的文艺也被人们所唾弃。于是,重新是八方来风,重新是系统被推到"混沌边缘"——中国的现实主义与现代主义文学于是又重新进入生命的状态。就在这一背景下,无名氏的书不胫而走,被盗印,转抄不计其数。

也就在这一背景下,海峡对岸的无名氏不止一次地在言语里表现出对巴金先生的无比尊崇。他们两人在漫长的人生中各自坚守着自己的创作轨迹和人生信念,过去很少认真地关注着对方,然而到了晚年,这两位老人的目光终于相遇了。

巴金在他的封笔之作《随想录》里沉痛地剖析了自己以及国人的灵魂,指出封建主义的幽灵还在中国的大地上游荡,他殷切呼唤着人们为创造新的中华文化去奋力工作,在这里,巴金与无名氏的思考聚焦在一起了。

无论是反馈还是预测,无论是现实主义还是现代主义,无论是巴金还是无名氏,它们都是中华文化同一个进化现象的两个不同方面——这就是这一课题提供给我们的重要启示。

注 释

［1］《巴金文集》，第 10 卷，人民文学出版社，1962 年，第 121 页。

［2］芾甘：《怎样建立真正自由平等的社会》，《半月》，1922 年 4 月 1 日，17 期。

［3］芾甘：《安那其与自由》，《自由》，第 1 期。转引自刘俐娜：《中国民国思想史》，人民出版社，1994 年，第 50 页。

［4］《野兽·野兽·野兽》，第 347 页。

［5］《野兽·野兽·野兽》，第 347 页。

［6］巴金：《谈〈春〉》。

［7］转引自司马长风：《中国新文学史》（下卷），香港昭明出版社，1978 年，第 108 页。

［8］《野兽·野兽·野兽》，第 15 页。

［9］参阅［英］李约瑟：《中国与西方的时间观和历史》，见《李约瑟文集》，辽宁科学技术出版社，1986 年，第 105 页。

［10］《中国新文学大系·小说三集·导言》。

［11］转引自 H. J. 斯尔弗曼：《现代主义与后现代主义》，pp. 380—381。见《哲学百科全书》（D. Borchert 编），New York，Macmillan，Simon and Schuster 1996。

［12］参看克洛德·西莹：《在斯德哥尔摩的演说》，第 421 页。

［13］杜威、佛克马：《后现代主义的诸种不可能性》，第 449 页。

［14］《绿色的回声》，第 8 页。

［15］Edward Said. The World, the Text and the Critic，pp28. 29—30. Faber and Faber，1984。

附录二：

无名氏纵论《塔里的女人》和《无名书》

——1998 年 10 月 27 日于南京大学演讲摘要

一、《塔里的女人》的创作构思和艺术特色

《塔里的女人》和我的另外一本处女作《北极风情画》，可以说是大家公认的中国新文学最畅销的小说，差不多每版销了一百多万本。《塔里的女人》在文革期间的手抄本也有几十万本——但这还不算在内。在社会上特别是在过去几十年里，这本书的影响还是比较大的。《塔里的女人》之所以受欢迎，我想简单地分析一下。

《塔里的女人》属于言情小说。新文学开创以来，（言情小说）影响很大，大家都知道，可能有几百本，少说也有几十本。为什么《塔里的女人》比别的小说要受欢迎呢？我举个例子，南京有一个读者能够从头到尾背十万字的《塔里的女人》，说明大家的欢迎程度。我个人分析，这本小说所以受欢迎，有以下原因：

第一点，人物少。我所有的精力都集中在男女主角，配角很少，也有配角，但是我把他淡化了，从头到尾都重点集中在写男女主角。这样一来，这个故事和情节就比较凝聚和集中了，这样看起来也方便。有的言情小说岔开了，写配角，这当然也是一种写法，但是到底没有我这种写法更能抓住读者的注意力。

第二点，我努力保持全书的美感气氛——诗的气氛。男主角是有太太的，但我把她放在北京乡下，不在他身边。如果放在他身边的话，那就免不了家庭琐事，就会影响美感气氛。我这本书可以说虽然是现实（主义）的，但又是超现实的。现实的因素表现在哪里呢？一些基本事实都是现实的，比如男主角去拉车。但超现实的呢，我尽可

能地把一些非美感的现实世界给处理掉，让全书都充满美的事实。所以我把他的太太放在北京。后来我也只是在书中简单提了一下，不让这个事实太冲击全书诗的气氛。

第三点，一般写实主义写女主角的美感等，都是用照相式的，但我是用印象派的。我描述的时候用了"火焰一样"等的形容词，不完全是现实的，而是比较有诗意的。这样一来，女主角作为一个美女就被写得比较空灵，容易吸引人。照相式的写法，比如说林黛玉就是用这种写法的，也还可以，这有它的好处，但是那个写法太多了，所以我放弃了这种写法，女主角就写得比较空灵了，用抽象的形容词来形容她和她的美，这样读者的印象就可能深刻一点。

第四，关于作品的读者。很奇怪，我总觉得读者是很高明的，有时候比评论家还要高明。所以，《北极风情画》尽管同样是言情，但是《塔里的女人》在文革期间出了很多手抄本，有几十万，而那本(《北极风情画》)却很少。对比起来，《塔里的女人》要好一些，它的结构比较严谨。写《塔里的女人》，我多少用了英国文学史上伟大的小说家哈代的结构。他有一些著名小说的结构都是十分严谨的——特别是《还乡》。那本书从头到尾的结构是极为严谨的，一步一步把读者一层一层带入高潮，所以我多少有一点模仿他。他写的小说像造房子一样，完全有自己的一套艺术手法。所以结构严谨，容易引起读者的好感，愿意看下去，而且会看得很舒服。

第五，一般的写实小说写言情时大多比较冷静，有一种冷冰冰的感觉，就是写高潮的时候，男女非常有热情的时候，也都是用情节，用动作，而没有用直接的感情来攻击读者的心灵。我的文字可以说是抒情的，是充满感情的。所以我不仅用情节，用故事来冲击读者，还用我的文字本身所显现出来的那种火辣辣的感觉，读者很容易感觉到这种情感的燃烧，这样有助于整个爱情故事，效果极好。

第六，全书还有一种音乐节奏感。因为我的笔调是抒情的，看起来好像是在听小提琴的协奏曲一样。

第七，我是用第一人称直接写的。西方很多像《简·爱》等文学名著都是用第一人称，这种写法是挺受欢迎的，比较容易出效果。

第八，情节是复杂的。这本小说是写外遇的——写外遇的小说很多，但是像我这个小说里的男主角把自己非常爱的女朋友要活生生地转让给别人，这个情节比较少，但是还是比较复杂的。顺便说一下，在早期我的《塔里的女人》手抄本的情节还是比较老式的，后来我在大陆找了几个看过我这本书的读者，让他们提意见，他们说全书写得不错，但就是男主角把女朋友让给别人的理由还不够。我接受了他们的意见，将这个情节重写，所以现在花城出版社出的这本的情节就比较复杂了，说服力也比较强了，人物经过了一些心理斗争，这是很重要的，这个转折也非常重要。总的来说，由于悲剧性的转变，所以情节就比较复杂一些了。

二、《无名书》的艺术追求

我以前在台湾的报纸上写了一篇文章，叫《宇宙心灵的探索》，我认为这本书(《无名书》)是探索宇宙的心灵的。我在这里作的演讲就以这篇文章为基础。

1856年10月1号到12月15日的巴黎杂志连载发表了小说《包法利夫人》。这个小说的发表一度引起轩然大波，巴黎的地方法院控告这本书有伤风化，因为它透彻露骨地描写了一个有夫之妇与其他两个男子通奸的故事。按照当时的社会道德是绝对不许可的。但这场官司等于给福楼拜做义务宣传了，做了(该小说的)广告宣传。官司打完了，福楼拜不仅赢了，而且名满法国。一些批评家特别是当时法国的评论权威——像圣佩甫，对这本书推崇备至，认为法国自有小说以来这本书的小说艺术是最客观，人物饱满，笔墨精炼准确，观察外在世界丝丝入扣。不但在法国，就是英国、德国、意大利等国当时也没有其他小说能达到这本书的写实艺术的水平，所以经过广大的赞誉之后，《包法利夫人》就成为西方写实小说的开山老祖，也是第一部写实主义的经典。

当时巴尔扎克的小说也是名满天下，但是巴尔扎克的小说还只是从浪漫向现实过渡的小说。他最有名的一本书，就是《贝姨》。但是他写贝姨，虽然写得很好，可是贝姨有些谈话不符合她的身份。这个角色其实没有多少文化素养，但她的有些谈话好像是一位知识分子了，很精彩。我想这是个缺陷，这不是写实了。另外，浪漫小说存在着用毒药这个缺陷，用毒药去害一个人。他后来也用这个手法，把那个女主角毒死了，这个手法也是属于浪漫的手法。巴尔扎克的很多书——像《高老头》、《欧也妮·葛朗台》，虽然都非常精彩，但还不能够做到百分之百的客观。所以写实小说的第一本经典还要算《包法利夫人》。整本书从头到尾没有一点夸张，形容词不是用得很多。《包法利夫人》直到今天，对写实主义的影响也是方兴未艾，它在写实主义方面独霸了西方的文坛超过了一个世纪。

在中国，写实主义到今天恐怕还是独领风骚，其他的流派就很难达到这个程度。从隋唐时代就有"传奇"了，这种"传奇"多少已经具备了西方写实主义传统的某种色彩了，而清朝的《红楼梦》更把这种色彩扩大，加大，加深。它不只是中国言情小说的经典之作，也是中国写实小说的一部经典。它的写实艺术与《包法利夫人》这类写实小说还是有不同之处，除了人际关系、社会百态上有某种相似之处。但是，《红楼梦》对男女情感的描画有些细腻的心理上的分析，而且是相当含蓄的，它在表达方面用了暗示的手法，和《包法利夫人》是不完全相同的。所以，《红楼梦》创造了东方的人物，特别是东方女性的一些人文情感的特色。

从五四运动开始，中国现代文学的写实主义洪流当然是受到了西方（写实主义文学）的影响。当年胡适、陈独秀所兴起的文学革命，它的思想内涵主要是提倡走西方的道路，所以提出来的科学和民主都是从西方那里引进的，他们甚至是主张全盘地西化。而那时的文学潮流还是以现实主义为主导的，胡适之也接受了这种写实主义并把它介绍到中国来。像当时莫泊桑的一些小说，都是西方小说里面的写实主义名著。

从本世纪 30 年代起,左派的作家更是为写实主义推波助澜,而且把这个主义视为现实主义,主要的宗旨是揭露当时社会的黑暗面。所以我说,福楼拜这位大师是首先的发起者,现实主义不止在西方文坛上独领风骚一百四十年,也间接促成了它独霸中国现代文坛七十几年,这算是福楼拜对中国文学的贡献了。

现实主义之所以能够横行霸道,自然引起了一些反抗。反抗现实主义的流派也是不绝如缕,西方有浪漫主义,象征主义,心理小说,……不过,西方浪漫主义在现实主义以前就有,之后还有浪漫主义。也有人说,我的小说写的是浪漫主义,其实也可以这么说。还有心理小说,意识流小说,推理小说,存在主义小说,新小说,现代主义,后现代主义,等等。这些流派也促进了一些小说大师(的诞生),但是不管这些流派作品怎么闪射出一定的光芒,世人最爱读的还是写实主义的作品。

我在这里举个例子:两次大战期间,美国米切尔女士写了一本《飘》,在美国是红极一时的,成为最畅销的小说。我读这本书的时候是十七八岁,在北京,是傅东华的译本。那时我就和清华的几个研究生谈论这本书,觉得这本书的艺术水平不如托尔斯泰的《战争与和平》,尽管它畅销流行一时,但是还不够作为一本经典小说(的资格)。但是美国就有人评论,把它当作经典小说,认为它可以作为古典小说来看。我们当然有不同意见,但是美国人这么想,我们也没有办法。一部分美国人,并不代表全部美国人。像《红楼梦》一样,这本小说在全世界都是很流行的。今年美国最大的出版公司评选了 210 本经典小说,第一名就是《尤利西斯》,但是《飘》不在前面的排名,这说明美国真正严肃的评论家还不承认《飘》是 20 世纪的经典小说。我们在几十年前就认为这本小说不应该作为经典小说。然而,它是一部通俗的很受欢迎的小说,像张恨水的一些小说今天还有人看。但是这类作品到底还谈不上是我们说的严肃的正规小说。写实小说的故事情节有很多高潮,对人物的真实地刻画,这些都是它赢得读者喜爱的原因,但是有多少人愿意像读"天书"一样地去读《尤利西斯》呢? 它的意识流的写法是那样的难懂。

我们中国有位作家叫做废名，他的小说《桥》只是用了一点意识流的写法，朱光潜先生很推崇这种写法。然而，废名的小说从来没有销到两千本的，只不过一千本或只有几百本，很少人去看他的书。不过对我自己来说，我是很推崇他的，他的书很有价值，但是一般读者都没法看。有价值，但不一定受欢迎。一些文学评论家认为我的六卷260万字的《无名书》是对西方文学的挑战，但其实我只是想写一本文化小说。

台湾大学文学院院长周锦先生，有一次在台湾跟一位很有名的小说家说，无名氏在台湾是最后一个浪漫主义者。我当时听了有些不大同意，我还给他写了一封长信。然后他说，国外的好多大作家都是浪漫主义的——像马克·吐温。美国人认为浪漫主义就是反叛旧时代，是要创新新时代，创造一个最有生机，最有生命力的时代。他的意思是，我的小说的浪漫主义有这层含义。他这么解释，我就没有什么意见了。浪漫主义是反叛旧时代的，它有它的生命力，像巴金一些人都是反叛旧时代的。普罗米修斯被钉在高加索山上，每天天神让巨鹰啄他的心肝，惩罚他，这就是浪漫主义的一个英雄，是大家所敬仰的。所以他的这个说法我觉得还是有些道理的。我自己认为《无名书》是属于文化小说，因为文化小说可以涵盖好多的风格，有浪漫主义，也有写实主义，也有唯美主义，也有意识流，甚至也有存在主义，还有诗体小说，只有文化小说的定位才可以包含各种不同的特色。这也只是我自己这么讲，还没有其他的评论家有过这种提法。

我现在把《无名书》在艺术风格和思想内涵上的特色讲一下。

第一，我介绍一下这本书的风格。我认为从中国《红楼梦》起，到西方的《战争与和平》，甚至到罗曼·罗兰的《约翰·克利斯朵夫》，或者是马克·吐温（当为普鲁斯特——笔者）的四大卷的《往事追忆录》，他们的文字，语言，风格，气象，韵律，全书都是一样的，没有两种风格。但是我的《无名书》就不同了，各卷的风格迥异，不是一律板平的，是相异的。我是想每一卷不只是通过它的内容、情节来表现故事的内涵,我还要用文字、语言、风格显示它的内涵的精神面貌。

比如说,第一卷主要是刻画革命的一些主要特色,我认为革命就是一种崩山裂岩的毁灭性,目的是摧毁现存的社会秩序。尽管它费尽一切为自己辩护这种毁灭性,但根本的目的是要瓦解过去的历史,重新创造未来的历史。所以我这本书的文字语言必须相应地表现它的内涵的那种崩山裂岩的震撼性,那种气势。"崩山裂岩"是我常用来形容文艺复兴时期一个伟大的画家米开朗基罗的画的,他在一个教堂的圆顶上画了一个"创世纪",描绘的是创世纪后天地混沌初开的情景。他画的是上帝怎么样创造这个世界,真的是"崩山裂岩",那个气势伟大得不得了。他的画面体现出了一种翻江倒海的雄壮的气势。而这种情况体现出开天辟地,重新创造一个时代的特色。

在 20 世纪的中国,最感动人最有诱惑性的名词就是"革命",我们大部分人都信赖革命。当时有很多的革命的报道,革命的史实,但是没有人去探索革命的原则和奥秘。其实,革命是有它自身神秘的部分,是存在一个革命的原始的生命的内景,而这个内景又是没有人探索过的,也没有人刻画革命的原始的神秘的面貌,以及它的本来的真相。我所描写的革命,是采取了"创世纪"的那种崩山裂岩式的风格,用一种强烈的雄浑的精神风貌的笔法来还革命以本来面貌。有人说革命是历史的突然的灵感,我要说革命是历史的一种狂鹜的冲动,是人的原始的精力的一种火山爆炸,而历史本身就不是靠一种灵感性的突然的冲动来推动的,而是一种智慧的冲动;也不完全是盲目的冲动,是理性的冲动。当然,这种冲动有时受到很深厚的思想指导。所以《无名书》处处显现出一种爆炸性的声音,色彩,线条,图形,它与一般刻画革命的小说不完全相同。它的目的除了让读者知道革命的故事,还要促成读者强烈呼吸革命的气氛,革命的呼啸,铸造革命的氛围。更重要的是,深深沉入革命的原始硫磺硝烟,火药味的那种境界当中。革命的生命的灵魂,它本身就不断的爆炸,就像火山一样迸发。我试图把火山的那种味道给表现出来。所以,我所采用的风格和一般(的小说)不同。我把语言,文字,节奏,旋律,情调,声音,色彩,线条,气氛,配合小说主题以及故事,达到一种相互交融的目的,这是其他中外小说还没有尝试过的。这几年我也接到大陆有大学生给我写的信,他们承认,他们在看到这本书之后的确呼吸到了革命的"灵魂深处"的一些气象。我觉得在其他关于革命的小说中,人们只是看故事,看情节,而我这本书很有革命深处的灵魂所带来的深沉的气息。这本书也多少探索了革命本身的各种复杂难题和一些应该不成为矛盾的矛盾现象,特别是历史上有关革命的一些教训。这当然也是我的一个重要的探索对象。

第二卷《海艳》的风格就不同了,大家很明显可以看出来,这卷主题是爱情,相当精致的爱情。我必须把它的质感传达给读者,所以我认为,这本书应该像精致的象牙雕塑一样,既精美,也让人的手指有很舒服的光滑的感觉,同时也像水晶一样,晶莹剔透得很玲珑的感觉,读来也多少像小夜曲,轻柔而又充满魅力。因此,文字,语言,风格,与前一卷就完全不同了。一般言情小说不一定像我这样写——巴金也写爱情,但并不像我这样,可以体会到那种很剔透的感受;其他的像《简·爱》也写爱情,不过它表现的是道德的一种理想;哈代也写爱情,但不是用我这种手法。我是想用文字语言本身去表现爱情某种很美很诗意的那种气氛。因为最美的爱情本身就是非常甜蜜的,美丽的,温柔的,空灵的,这是爱情最高最深的一个境界。当然,世界上粗犷的爱情也有,但我相信纯美也应该是爱情的一大特色。所以在文字语言上应该相应地表现节奏的诗意,诗画,用许多诗的意象来暗示爱情的一种质感,美感,美的原始的一种境界。所以有些人说我的小说意象很多,充满了意象我才能表现爱情的某些很不同的,很光怪陆离的一种境界。

第三卷与第二卷又不相同了。因为我这本书的主题想刻画地狱风格的一种沉沦,堕落,一种魔鬼主义和阴暗时代的节奏的压制的感觉,整个气氛与前面的是完全不同的。这是我写大陆 30 年代"九·一八"事件之后国家交迫时期,大家感到非常压抑。所以整本书的气氛无论是文字语言或是色彩线条,都充满了一种沉闷,抑郁,一种高度的压制,而文字语言多少也有一种像从巨大的岩缝里蹦出来的流泉的感觉。

有一个编者——很早一个研究英国文学的《申报》的副刊编辑,在看了我的书之后,希望我给他写一个长篇,我那时已经写了一部分了,于是寄给他了。他看过之后写了一封长信给我,他说我这本书的格调很新,不像西方的非现实流派,文字语言很特别。他有个形容,说这本书像杭州九溪十八涧迂回曲折那种撞击出来的声音,不是正常的流水的声音,是冲撞出来的一种声音。这代表了某种强大的压制。

以前柴可夫斯基的提琴协奏曲在刚刚演奏的时候,批评界认为他的曲子是野兽的声音,过于粗犷。但是经过好几年之后,人们反复去听过之后,发现这个作曲家是很伟大的,因为它不是绝对纯美的,有一部分相当地粗犷,然后又突然转到很美,给人们的听觉冲击力很大。这种由粗犷撞击出来的美,不是很自然的美,是很独特的。我的小说也试图达到这种独特的效果。有读者说,全书最吸引他的是既庄严又深邃的大时代的非凡气势,它既能震撼人心又能扣人心弦。

我这本书总的说来是相当沉重的,它代表了一个大时代精神,这也正是我力图达到的。那个时期,日本正准备进一步发动旨在灭亡中国的战争,那是中华民族最为沉重最为苦闷的时期。我借助这个阴暗大时代的衬托,力图反映知识分子的苦闷心灵,进而宣泄人类的心灵过程不免要出现的一种魔鬼的心态,甘心堕落的种种不正常的生活。因为在一个很是苦闷的时代只有两个办法,一个就是上升,超越,自强自足;另一个就是堕落,这就有点悲观了。我所写的是后一种心态,要表现这种心态,我的语言文字就不能不特别地沉重,几乎要凝固成为颜色,而颜色要反映这种声音。所以文字的音乐性与节奏感好像就是盘子和盘子撞击出来的声音,把人的呼吸压得很慢很慢,甚至是带着喘气的意味。这是我所想达到的这本书的语言文字的一个目标。

第四卷,切入的是一个宗教的视角,写探索神的、命的积极方面,其中有一部分语言文字也体现出了宗教的庄严沉重与神秘,有一些祷告的文字。男女主角的爱情也透露出了一种神圣性与宗教的纯粹性,他们的爱情和前两种爱就很不同了。

第五卷,我着重解剖东方的自然主义与禅的内景与伟大的自然的本色,一些深层的宇宙的自觉的意识,形成"天人合一"的境界。既然追求这么一个境界,文字语言就要像宇宙大自然一样的冷静超脱,而且兼具浓郁的哲理反思情调,也带点禅的味道。

写禅宗境界,通过主角从哲理上感受到自己和宇宙合一的那种境界。他在观察兰花的时候都可以显现出一种空灵的禅境,我要描画的是与太空星云融成一片所展现的种种的心灵图景。开拓了人类对宇宙心灵的探索,而寄托到星球的神秘的运动上,当然这只是我自己的感觉而已。这种星球运动的人类感知的反映,我想把作者的心态融成一片。这种尝试是神秘的,也是新鲜的。所以这里的文字语言相应地表现了一种禅的色素和太空的神秘的一种节奏。我自己在禅方面还是有些领悟的,是从华山下来才悟到的。我个人的感觉是,禅并不是很神秘的。各大寺院把禅宗修道当作一个最了不起的事情,你能够悟"道"那是很了不起了。过去不是有北宗南宗的称谓嘛,有顿悟,也有渐悟,我个人体会它其实是一种心理的变化,是心态的变化,把你的老的心态转变为新的心态。比如有一句口头禅,"父母未生我,我是什么样子"。其实体现出了"无",即是没有样子的,我什么都没有,就是一个"空"字。等你将这句话几千几万遍天天都在念的时候,你的心灵、心态总有一天会转变到"无"的心态。通过这样的参禅,你就会进入到"无"的境地。心理的感觉变了,这是符合自然科学的,也是合乎心理科学的。我从华山下来后,经常静坐。以前在半夜经常想到死,那是很苦闷的。一想到死后什么都没有的时候,是很可怕的。有天晚上,我突然醒来,眼前一片明亮,我突然想到了,其实"死"是一个"无",是"空"。所以在此后的几天,总有一种看山不是山,见水不是水的感受。但是我以平常心来对待,还是捱过去了。

第六卷,也就是主角的人生旅途的最后一站了,也就是对宇宙心灵探索的一个终点。当年我写这部书"序曲"的时候，辅仁大学宗教系的一个主任——当时是个神父，写了一篇文章评论我这个序曲，表达了一个宗教学学者的感受。他说，在这个五千字左右的散文诗中，无名氏在每个字中都注满了洋溢的情感，这篇文章是他的整个灵魂的冲泻，用文字表达了内心最强烈的渴望和力量，其气势之大如同黄河之水从天上滚滚而来，把一些有形可见的变异淹没干净，使最原始的宇宙本质呈现出来。他曾召集五十个学生来朗诵这个序曲，一次次地受到震撼。

我原先想把这（部分）写得像贝多芬的"第九交响曲"，即"欢乐颂"，这是最震撼人心的，第六卷的主人公已经到了他探索宇宙的心灵有了一个结论（的时候）了。此时他有一种狂热的欢喜。贝多芬是战胜了他悲惨的命运而终于完成了他最后的伟大交响曲。他的"欢乐颂"真的是气冲斗牛。我的主角也是战胜了生命中的悲欢苦乐和任何的艰辛之后，在心灵的一个胜利的结晶。他的生命也洋溢着"第九交响曲"一样的欢乐色彩。他的气势的确也像黄河之水天上来一样的，所以风格与前五卷也不同了。

三、部分小说人物的生活原型

我的作品里的人物的生活原型都是我自己朋友的故事，不过是变形过了的故事。我的朋友还都挺怪异的，司马长风因此在《中国新文学史》里对我还有点意见。司马先生是比较严谨的，在生活上带着点儒家的修身味道。从前我交的朋友是什么样的人都有。我补充一个《无名书》第四卷中的小情节，主人公有外遇跟他的妻子闹开了。这个人现在已经过世了，他是我的一个很好的朋友。他这个人怪到什么程度呢？他做生意，经营钢铁生意。他在窑子里办公，在妓院里办公，有一个妓女就是他的助手的样子。他在那里生活两个月，日常都在那里办公。这个人是独一无二的，没有一个商人会在窑子里设立办公室。还有一个叫黄震遐，写过《大上海的毁灭》，鲁迅骂他是一个准民族主义法西斯分子。在上海的时候，他很怪，他说，"要谈'道'吗？来，我们到妓院去，那里是最理想的谈真理、说'道'的地方。"当然，我是不敢领教的。他常会跟其他朋友谈"道"谈到深更半夜。这也是个怪人。他说，"今年是我的读书年，明年是我的交友年，后年是我的旅行年，大后年是我的赚钱年"。所以在上海，很多人物过的是一种度日的生活，这并不稀奇。所以我在写妓女这一段的时候，那一个朋友带我去参观，他说你要不要看"海"啊？我说，看地中海还是太平洋？他说，在宝鸡就有"海"，就是"肉海"。我为了体验生活也跟他去参观，那个妓院很大，妓女多得不得了。所以从那里面我找了几个人物，（将她们）写入了第三卷。我写的妓女我自己觉得写得还是可以的，因为是真实的人物。我讲个小人物，有一个妓女是不脱裤子的。我的确是接触了各种各样的古怪的生活。

（《无名书》的主人公）印蒂是我自己创造的。我这里要提一下我笔下的一个人物，就是蔺素之，其实这个人物的原型是林风眠，他是一个伟大的现代画师。我最近在上海看到一本"大师的画展"的画册，它把我的书里的一段文字给引用上去，他们知道我在我的书里写的就是林风眠。林风眠 25 岁就当上了北平艺专的校长，28 岁就当上了西湖艺专的校长，也是蔡元培把他给提拔起来的。他当过两年的校长，住的是洋房，吃的是西餐，坐的是汽车，生活当时算是很好的了。可是抗战时期，他就没有做校长了。我是慕名去看他的。那时候，他的生活是较为艰苦的。他住的是军队的一个仓库，里面很凌乱，自己做家务。在他家里没碰上他，在我转回来的时候，我在路上碰到他，我去看他是想给他看两幅画。以前，有一个国民党的大官说，他住在那里如果不是一个疯子就是一个天才。后来他自己说，他既不是疯子也不是天才，他说他是一个人，他现在真正是在过中国人的生活。后来在这本画册上就写上了我曾经去拜访过林先生的这段逸事。林先生跟我说过，他在重庆乡下那段时期他才真正还原到了"人"的生活，在画"人"的画。所以这是我的一个角色，我要说的是，像林先生这些有理想的人创造着东西文化的汇合。他用西方文艺复兴时期的强烈的"人"的色彩来结合中国道家的出世的味道,和张大千一类画家的画就不同了。所以,我认为他是第一个用绘画来表现东西文化的融合。所以我书里的人物是真实的人物,并不是我虚构的。

另外,(二战后)韩国的第一任内阁总理李范奭是《北极风情画》的主角,就是我书中的韩国英雄了,叫做韩慕韩,韩国人,我写他的故事也是真实的。他曾经当过(苏联)红军的韩俄大队的大队长,他是红军中的一个大英雄。当时红军与白军的最后一个重要的战役是"攻打双城子",当时打这里并不容易,如果这里攻打下来,海参崴那里就没有什么问题了。我书里就写到在很长时间没有攻打下来后,他自己发明了一种最原始的坦克,把机关枪架在两块铁板上,下面按上轮子。用这在前面进攻,然后掩护,后来居然被他给攻下来了。那时远东的总司令当众赞美他,说他是远东了不起的英雄。所以那完全是真实的故事。我觉得真实的东西才真正会打动人。

女主角我也是有原型。从前上海有一个舞女叫李丽,叫"北平李丽"。她很聪明,说她不带一文钱,只买一张票上车,会有人招待她畅游北平。结果她真的这么做了。在车上,她故意把杂志掉在地上,他的对面是一个男士。因为她很漂亮,马上两人就认识了,并一路上招待她。

还有一个故事。我的女主角在一个晚会当中在讲到女性的魅力的时候,有一个人说"我对女性不感兴趣",这时候她就脱得光光的出来。她问他"动不动心",甚至还进一步地诱惑他。那男的终于承认了,屈服了。这也是真实的。

《无名书》中的女主人公瞿萦当然是有些虚构的,不过我也还是有原型的。当时我看了很多的好莱坞的美女照片,研究这些美女的形象。当时我有些自负,40年代好莱坞有一次在选美,在众明星中选出5个最美的美女,但是后来选出来的四个我早就选出来了。所以我写人物的形象时候,我用的是印象派的手法来描写,不用写实派。比如《海艳》中在海船上的时候穿的是黑的海富绒的大衣。这是我从一部外国电影中的美女的形象引用下来的。这就是我写的形象的一些参考的版本。当然古今中外小说我也看得很多了，写美女的也很多。

另外一个人物林郁是我其中的一个好朋友，我对他也是很是尊重的，《塔里的女人》是他命名的。我用这个书名用的是他的一篇散文的题目。他在那篇散文里写了一个故事：在西方某些国家那些贵族经常玩弄妇女。先是爱上一个少女，但是都不会长久，在厌倦之后就把她们关到塔里面去，囚禁她，很残忍，然后又去爱第二人。这个少女被他关在塔里十几年间，她还是爱这个贵族，给他绣花，把绣花的手绢送给他，不断地对他表示爱。但是后来，守塔的人告诉她，那贵族已经死掉了，她吓晕了过去，就再也没有醒过来。这篇文章好就好在最后几句话。他说：可爱的少女，你离开了世界了，愿神保佑你。但那个贵族并没有死，他正在造第二座塔。所以这是很深刻了。我后来就引用了这个题目。其实这是这个女人的命运，她永远都是爱那个人的，命中注定她是要爱一个人的，这样就永远是得不到自由的。我的意思跟这些相似，但是扩大了一些。我取这个名字的原因写在了我的书的后记。这个文章写得很好。我这个朋友当初在香港与乔冠华一道被誉为是国际评论的"双璧"，就是两个强手。

再有，《无名书》中有一个收藏两千张唱片的邮政局的公务员，真的是存在这人的。他在上海听歌，所有的西方有名的音乐家的表演，他手里都有其唱片。但是他后来的生活并不很好。所以我书中的人物并不都是虚构的，大多数是我的朋友。

四、关于《无名书》的文化性相

《无名书》第三卷的魔鬼色彩是比较严重的，有一种人生的负面的一些影响，这里我想与西方的一些作品稍微比较一下。《无名书》的一个特色是 20 世纪中国知识分子的心灵的求索史，是探索史。其次，它代表的还不只是中国知识分子，而且是人类文化心灵的探索史。这是超国家超民族的。佛家把精神现象称为"相",生命之"相"也可以解释为生命境界,有印蒂先后所探索的五种生命"相",分别是革命,爱情,魔鬼主义,神,宇宙大自然五种"相"。这不只是中国知识分子的心灵所要探索的,也是全球各民族的若干知识分子的文化心灵所要探索的。所以《无名书》作为中国文化心灵的探索史,也具有世界性的一种意义。特别是地球的马不停蹄中所呈现出的好几种信仰的相融合的生命的大和谐,可能是大家所向往的。有的生命心灵可能只生活在一种"相"里,而贯穿五种"相",超越时代的惶惑和动乱,探索终极的心灵归宿,是一个大的精神工程,文化工程。为了衬托这个大工程的艰巨,我在中西两大精神空间做一个简单的历史的回顾,包括一种新的探索。

在西方文学史上有一股负的人生哲学。负的人生哲学的黑暗的潜流,从希腊一直流到现代,从俄狄浦斯,他是古希腊文化一个的主角,但丁《神曲》的炼狱,《恶之花》的颓废主义,以及卡夫卡用新鲜的思维的视觉来照亮人生,但是写得很黑暗。用这种思维的视觉照彻人生,人性的阴暗的洞窟的深沉,这一切除了俄狄浦斯王,几乎全是基督教的原罪的思想,以各种形式,在各个精神层次展现出来。这种原罪说用黑暗的势力正渐渐地强烈地影响着现在的西方文明,基督教本身就是原罪说,这是它最强调的。这种原罪说就是人生而是有罪的,这是现代西方文明还在深深受这种思想影响的。西方文学中的一切的负的人生哲学,仅仅限于在生命和人性的魔性和孽缘的深渊中反复地辗转,除了借神的和道德的阶梯,还没有其他更合乎自然的方式来拯救他们的生命。我的书就和他们不同了,他们借助的是神,或者是道德梯子才能下降的深渊来拯救那些痛苦的生命。我的拯救的方式还是不同的,与西方的思想,文学方面有很大的差别的地方。所以《无名书》中也有篇幅发挥负的人生哲学,但不是源自原罪的思想,而是受老庄和佛家的影响,也是受民族苦难的压力。尽管如此,但我的书中的负面的精神的层次主要是知性的而不是感性的。我这些是有悲观的思想的,但是感性还是很强烈,仅仅在理智方面他们悲观种种，在感情上是有反抗的，所以不是全面性的一种悲观，是局部性的悲观，这是我和一般的悲观主义不同的。这从我的人物身上是可以看出来的。书中的一些人物算是具有坚强反抗性的知性和感性的错综化的，正好表现了灵魂的挣扎，进行心灵的探索。

第五卷中，可以看出终于在心灵高度升华的境界当中解决了这个难题，而这种境界——像印蒂在第五卷这个境界——是西方的传统文学所没有探索过的。在我眼中，老庄一派的自然境界比儒家的要深刻一些。佛家特别是禅宗似乎又比老庄又深刻一些，这种东方色彩的自然境界，在常常把神与自然结合的西方的传统文化上几乎是罕见的。这是我们中国的一个文化特色，也是人文精神的特色，我这是在我的书里表现出来。在西方作家当中，歌德还是比较欣赏东方的，他研究过老庄，儒家的思想，但并没有与禅宗联系起来，所以他也并没有真正地了解东方。这种禅宗的境界门户似乎是不允许现代人的种种的现代感觉和科学的思维来敲他的门的，我的《无名书》第五卷第一次敲他的门了。

最后，我谈谈印蒂的最后的人生境界。他了解花的浑然自在体，草也同样有，草不是附属的，也不仅仅是植物，它是独自的，是自在的生命，甚至我认为它有它的某种感性的浑然自在体，这当然是审美主义了。其实任何生命都有它的浑然自在体，是独立的。宇宙的本体的浑然自在体，和花草树木的浑然自在体是可以融成一片的。在最高的升华的时刻，他似乎变成了原始的空间，时间了，他就是原始时间，原始空间。而这个心灵过程的起点是幻觉，或者灵觉，或是悟性，终点却是对正常的现实的享受。这段话以后可以好好考量一下。我自己似乎（觉得）我的精神灵性已经升华到宇宙空间。那真正的心灵世界是非常神秘，非常渺茫和复杂的。但不管怎么样，那最复杂的最后的心灵世界，它总是一个空，总是一个空间或时间。我自己似乎就是那个最后的空间，也是原始时间本身。我认为我不需要信神，我不需要一定要信某种宗教，虽然我敬佩宗教。我形成了我的生命的巨大的承载的肉体，就是宇宙的肉体，我的全部的精神状态与宇宙合二为一。也只有这种浑然一体，才使人类精神融进亿万星球的动与静之中。而这种真正的崇高的人类的美丽的风景可以说是真善美的最高境界，只要出现之后，相信人们最后总会欣赏这个风景的。就是说，我最后的观点还是有一种诗境，伟大的诗的境界，代替神的信仰，我认为是可以变为现实的。我那时的生活是很困难的，但是我一想到那个境界是非常愉快的。好像自己是超脱了一般，超升到原始的宇宙空间。

五、个人思想和建国后的境遇

（我在建国后的生活）确实可以称得上是一个传奇。自解放一直到 1980 年，差不多 30 年我没有工作。直到 1980 年浙江省政府才聘我为文史馆馆员。陈思和教授与汪应果教授都在书中提到我的一些情况，他们说我是"潜在"作家，我的作品是在"地下"创作的。

在政治上我有自己的一些看法。我对马列的思想还是比较推崇的。但是我后来看到苏联在 1936 年的莫斯科大审中，很多真正创造者，有功劳的人被处了死刑。这事情轰动了全世界，导致了美国大哲学家杜威办了一个"真理法庭"，后来连托洛茨基都被受审。而在二战时期，苏联又出尔反尔地与德国法西斯联手瓜分波兰。那时很多在美国的共产党员都脱党了。所以我有些想法，我认为还是应该忠于现实的。所以我在小说中也透露了一些这些想法。文革时期很多书都不能看，我也不大同意这种做法，所以就没有接受工作。不过我的工作也是很危险的，我就以装大病不参加工作。因而在 1955 年的胡风案中幸免于难。我那时没有工作，但却拥有自己的独立王国，这样才有了自由的写作时间。坚持到 60 年，下乡支援农业一年多。

1968 年，那时我的一个朋友要去澳门，在我家住了两天，后来我就被挂上了"窝藏叛国投敌集团的首要分子"的罪名，所以就坐了牢。到 1959 年的大跃进，我每天有半天的义务劳动，其余是我自己的独立的时间。后来，1960 年，送我下乡。我在那里练毛笔，一年后就放回来了。这样一来,我的灵感的河道受到了损伤。《无名氏传奇》这本书说我 17 岁——1934 年我不要文凭,离开中学到北京,一直到 1960 年下乡为止,差不多 17 年,我一直保护着我的灵感的河道。这对我而言是极为重要的。后来,我一直苦苦修炼,经过 10 年——从写《北极风情画》到《野兽、野兽、野兽》,灵感不断。不管给我什么题目,我都觉得能够写出许多的话。但是到了乡下后,我的灵感的河道就堵了些,很可惜。所以,一个作家要写出好作品一定要培养出一种感觉。从 1949 年到 1960 年,我一直没工作,也是我一直想办法逃避工作的结果。这本书(《无名书》)也是在这 11 年中写成的。

附录三：

无名氏年谱简编

1917 年，出生

1 月 1 日，无名氏生于南京下关天保里一幢石屋门房子里，原名卜宝南，小名卜宁，后改名卜乃夫。祖父卜庭柱原为山东滕县人，走江湖卖大布为生，中年定居江苏扬州北郊方家巷镇，置田一百余亩。其父原名卜世良，后改名卜善夫，自学中医有成，在镇江、南京一带行医，曾列南京中医考试第一名，颇负医名。母卢淑贞，扬州北郊黄珏桥镇人氏，系长寿家族。无名氏原本兄弟六人，无名氏排行第四。大哥三哥五弟早夭，二哥卜宝源，后改名卜少夫；六弟卜宝椿，后改名卜幼夫。

1922 年，5 岁

在南京下关跟一位吴姓先生念私塾，读《大学》、《中庸》、《论语》、《孟子》等。

1923 年，6 岁

父亲逝世，留下三百余亩田产及南京下关三处店面房，全家遂以此为生。无名氏被送往扬州黄珏桥镇大唐庄外婆家，由外婆照顾其生活。外婆喜其聪明好学，刚毅倔强，逢人便说："宁生子将来要好，是一块紫金子；将来不好，是个'魍魉鬼'。"在此先入黄珏桥镇初级小学。半年后，学校停顿。又改入私塾，老师赏识之。

1924—1926 年，7—9 岁

进当地人焦典创办的黄珏桥小学读书。焦典系清朝大儒焦循的

曾孙,本人在南京师范学校毕业。焦典家学渊源,除教授新制小学课程外,还教学生们《古文观止》。无名氏在此三年背了不少古文,获益不浅。

1927 年,10 岁

返南京下关,进龙江桥小学念书。

1928 年,11 岁

转读南京国立东南大学实验小学。开始插入四年级,老师认为其水平应读五年级,乃编入五年级。半年后,老师认为他的成绩可以进入六年级下学期。因此,他在此仅念了一年半即小学毕业。时间虽短,但这里的系统的西方办学理念对无名氏影响很大。这所学校比较注重学生的全面发展,受此环境的影响,无名氏吹拉弹唱无所不能,军棋象棋围棋样样皆通。另外他在这所著名的小学里还学到了"做人要有礼貌,要做正派人,要用功,要尊重别人,要爱国……总之,此一小学一年半,是我平生唯一享受到优良的教育,也打下做人做事的最初的好基础。"

读四年级时,老师将他的两篇作文投稿中华书局出版的《小朋友》定期杂志,全部刊出。这是他第一次投稿,对其后来从事文学创作激励颇大。

1929 年,12 岁

秋,考取南京私立安徽中学初中一年级。

1930—1931 年,13—14 岁

春,转读南京私立青年会中学初一下学期。

这一年夏天到翌年夏,因学费无着落,辍学一年。在家阅读文学书籍,文学修养迅速提高。

1931 年秋,以同等学力考取南京私立乐育中学初中三年级上学

期。这时二哥卜少夫正在编《活跃》周刊,他偶尔也在上面发表文章,思想激进。

"九·一八"事件爆发,全国学生云集南京,向政府请愿,要求抗日。该校亦卷入漩涡。南京几乎成为"学生城",日日游行,有一两个月停课。

1932 年,15 岁

夏,卒业于乐育中学初中。

秋,升入乐育高中一年级。与高二同学王琦组织话剧社,大演田汉剧本。继续在杂志上发表文章。此期间介入与同学王淑君的初恋风波,初恋受挫,一度改名"卜怀君"。

1933 年,16 岁

私刻"哈尔滨市滨江中学"的印章,假造高二转学证明,以同等学力,考入南京三民中学高二下学期。算是跳了两级。小说《SOS》载于《三民校刊》,《怪物》载于南京《文化战线》;暴露性散文《学校生活一页》发表于《新民报》副刊,对校园灰色生活的揭露引起校方不满。写作受到了国文老师殷作桢的热情鼓励。

1934—1935 年,17—18 岁

国民政府教育部为规范中学办学标准,第一次公布中学毕业联考规章,这对私立学校来说,很不公平,引起许多私立学校学生的公愤。无名氏因拒绝联考,愤而辍学,继而离家出走,放弃只有两个月就可拿到的中学毕业文凭。另一方面,此时他读了一些马克思主义的书,也影响了他反抗现实的思想。

4 月 1 日,无名氏单身乘火车赴举目无亲的北京(当时称"北平")。从这一天起,他决定与任何文凭告别,凭自己的奋斗,来争取前程。《野兽、野兽、野兽》卷首主角印蒂突然离校出走,是他"个人当时经历的写照"。

北京是"五四"运动发源地，亦是最自由开放的文化城，有全国最大的北京图书馆。每日上午 8 时无名氏准时进北京图书馆，晚 10 时打烊离开，读书近十三小时。在一年八个月里，他共读了中外名作逾一千本，其中包括凡是译成中文的，或国人自己写的马列主义名作，达三百多种。这段日子，他从未游过颐和园、故宫及其他北京名胜，生活极其严肃，仅偶赴北大旁听胡适、周作人、叶公超、梁实秋等人课程，又听著名左翼学者李达的课。这一年多的图书馆自由阅读，对他此后写作帮助很大。

来北京不久，在天津《大公报》副刊发表短篇小说《六月》，署名"高尔础"。继而在该刊发表小说《火的怒吼》。颇受副刊主编赵惜梦赞许，曾来信鼓励。此后又刊出小说《雾》。此时生活拮据，家庭接济微薄。单靠稿费不能谋生，幸得富家子朱懋衔的赏识和帮助，接他到家住半年，供食宿。后迁入沙滩北京大学对面公寓，虽在几个报纸副刊投稿，生活仍非常艰苦。

1934 年秋，进北平俄文专科学校。除周日及节假日外，每日下午读两小时俄文。

1935 年冬，北平教育局鉴于该校有俄国教授及中国左翼教授，有红色嫌疑，勒令停办。无名氏肄业。12 月初，无名氏受母亲断绝经济资助的逼迫，离京返回南京下关家中。

1936 年，19 岁

在家苦读。一度效仿苏秦、张仪"头悬梁锥刺股"，每日读书凡未达预定指标，则用木板打自己臀部。书桌上放托尔斯泰和罗曼·罗兰照片，旁贴二纸条：（一）"去死吧！去受苦吧！但做你所应该做的一个人！"（罗曼·罗兰语）。（二）"发了要在自身以外创造些什么的愿而后死的人，我爱他！"（尼采语）。以此自勉。在上海《汗血》周刊发表小品《赶车人》，行文已趋洗练。

秋，患初期肺结核，休养半年痊愈。期间仍不废读写。

1937 年,20 岁

经三年努力,自觉文字有所进步。8 月 25 日完成约五千字短篇《崩颓》,描写尼采濒于疯狂的若干镜头,初具无名氏特有的文学风格。无名氏晚年自认:"这是我第一篇作品,收在后来卜少夫所编的《无名氏全书》中,也算是我正式文学创作的开始。"香港中文大学黄岑教授在《〈野兽、野兽、野兽〉重版赘言》中说:"收在《火烧的都门》中最早的一个短篇《崩颓》写于 1937 年,文体即与《无名书》的相类"。

"七·七"事变,日本挑起卢沟桥事件。不久"八·一三"淞沪战事爆发。无名氏母亲回扬州外婆家躲避战火。南京家中无人举炊,促使无名氏在 9 月亦负笈至外婆家。在此他勤读三月。

11 月,上海沦陷,南京岌岌可危。无名氏说服母亲,返回南京。临行之际,母亲给了他 10 块银元。到南京,他又在街头摆地摊二日,变卖许多衣物,换了 10 多元充实旅费。

12 月 6 日,乘轮渡过长江,赴浦口,搭最后一班津浦火车至徐州,又转陇海路车到郑州,再上平汉路车抵汉口。6 天以后,南京保卫战开始,但终失守。无名氏侥幸逃过屠戮。

1938 年,21 岁

到汉口后,无名氏举目无亲,起先考虑做摊贩或卖报为生。后来想起北平时代相识的青年学生涂运昌、寇述彭,曾告知他有友人赵君在武昌开客栈,万不得已时可找他。终于找到赵。他留无名氏借宿客栈。

恰逢湖北省政府民政厅长严立三在武昌办"乡村干部训练班",无名氏加入该班。国文考试,名列前茅,受教务长陶希圣赏识。随即参加陶希圣主持的"艺文研究会",名义编译员,月薪 30 元。此会在汉口,主要编写民族伟人和民族英雄的小册子,每册万言。无名氏编写了《李广飞将军》及《孔子》,又应研究会所求,写有关抗战的文章,自己也续撰短篇小说,在报上刊出。

7月，武汉保卫战即将开始，无名氏随"艺文研究会"撤退到重庆，会址菜园坝。发表《论拜伦》、《川江夜泊》等。

12月底，汪精卫出走河内后，在香港发表"艳电"，劝蒋介石与日本谈和。"艺文研究会"旋即被封闭。原来此会负责人周佛海、陶希圣皆属汪系人马，且已随汪离重庆。

1939年，22岁

上半年失业，为香港各报写战时重庆通讯及其他文章。下半年，香港《立报》聘他为驻重庆特派员兼办事处光杆主任。同时，中央图书杂志审查委员会又聘他为服务员，后升任干事，负责审查图书。

这一年是无名氏创作生涯的转折点，他的文学作品开始受到一些著名作家和编辑的赏识。抗战期间，著名作家和编辑靳以在重庆编《国民》公报副刊《文群》，常以"认稿不认人"著称。但却在1939年冬起，到1940年止，相继刊载了无名氏的短篇小说《古城篇》、《日耳曼的忧郁》，以及一些散文。靳以曾在信中赞许无名氏，认为他的创作，态度严谨，行文字斟句酌，肯下功夫。他还对人说："北大真能出文人，（无名氏仅在北大旁听过，靳以的说法也是后来许多人误传无名氏毕业北大的滥觞。）前几年出了何其芳，卞之琳，现在又出了卜宁。（抗战初期无名氏在香港、重庆都用笔名"卜宁"发表文章。）"推崇之情溢于言表。两人通信两年，直到靳以离重庆赴福建南平教书为止。从此时起，无名氏开始在重庆文坛上初具文名。

这一年也是无名氏思想发生重要转变的时期。斯大林的肃反运动造成的残酷清洗令他十分震惊；苏联置波兰于不顾，在大战前夕为了自己的利益而和纳粹德国媾和的做法，更让他失望。受此二事件的影响，他激进的思想开始向自由主义方面转化。

1940年，23岁

这一年，写了不少文艺性或新闻性的文章，刊于香港、重庆媒体。冬，离开中央图书杂志审查委员会。

1941 年,24 岁

1 月,入《扫荡报》,任外勤记者,后兼南洋爪哇《吧城新报》驻渝记者。

夏,辞去香港《立报》记者。

进《扫荡报》第一个月,报道《囤积居奇纵横谈》蜚声报界;另一次,偶然在与国际问题研究所所长王芃生的私人谈话中,敏锐地预感到德国将要进攻苏联,竟在德国进攻苏联前一个月,写出《世界将有巨变》的长文,一时震惊了重庆政界。受社长何联奎赏识,并加月薪。期间忘我工作,往往清早六七点出门采访,晚七时归;还亲自校对,有时夜间尚出去采访。当时合众社驻华一位记者曾说:"新闻记者像卜宁这样卖命干的,恐怕没有第二人。"无名氏的敬业与才情受到《大公报》总主笔兼总编辑王芸生青睐,他托主笔李纯青前来暗访,希望其加入该报。

8 月,日机对重庆狂轰滥炸七昼夜,市民对防空警报不灵怨声载道。防空司令在记者招待会上抱怨是经费奇缺引起的,引得无名氏为其打抱不平,写了《轰炸插曲》,试图将内情披露于众。但新闻检查所删去许多文字,无名氏不服,又改回。这引起《扫荡报》新任社长黄少谷及其亲信的不满,加上他们早就对无名氏的恃才倨傲、脚踩两只船的做法深为不满,便借机以"泄露军事秘密"为名,软禁无名氏一周,并就此撤去无名氏的职务。

《扫荡报》8 个月,与李彦文坠入爱河。两人一度情感炽热,几达可论嫁娶程度。但报社工作的第二月,她突然坚赴陕西工作。这一分别,造成彼此龃龉,终致分手。(详见《塔里、塔外、女人》卷二《天真》、《情简》暨《后记》。)

11 月,珍珠港事件爆发,二次大战正式开始。失去《吧城新报》工作,亦无法在港报写文。此时流寓重庆的韩国临时政府找他帮忙,迁往重庆吴师爷巷 1 号,与韩国光复军参谋长李范奭同居一室,成为好友。后为他撰成二书:《韩国的愤怒——青山里喋血记》,以李范奭的名义出版;《中韩外交史》,代临时政府宣传部副部长闵石麟撰写,约十余万字,并出版。两书引起当时国民党中央委员会的注意,因而李、闵二人对他特别友好。

冬,每晚与李范奭长谈四小时,记下许多资料,拟以他为主角,写百万字《亚细亚狂人》长篇小说,叙其一生革命事迹。后来的《北极风情画》即以李范奭的采访素材为主。此时和闵石麟女闵泳珠恋爱,因韩国元老们不赞成中韩通婚,遂中止恋情。(详见《塔里·塔外·女人》卷二《水之恋》及《后记》。)

1942 年,25 岁

出版个人第一部短篇小说集《露西亚之恋》,内收短篇《古城篇》、《海边的故事》、《日耳曼的忧郁》、《鞭尸》、《露西亚之恋》、《骑士的哀怨》等六篇,其中《骑士的哀怨》及《露西亚之恋》即以李范奭的经历加工而成。

初夏,韩国光复军总司令部正式成立,总司令李青天任无名氏为上校宣传科长,后政治部不同意,在司令部内滞留了五个月。于此发奋用功,写《亚细亚狂人》第 5 卷《荒漠里的人》长篇,在贵阳《中央日报》副刊连载。无名氏自认"文字及风格一个突破。只要浏阅《龙窟》所收《伽倻》,即可知我在文字上又下了一番新功夫"。

9 月,韩国光复军西安第二支队罗队长被队员暗杀,总部派李范奭去处理此案,并任他兼第二支队队长。他邀无名氏作为秘书,同赴西安。

1943 年,26 岁

在西安,兼任重庆《新蜀报》及贵阳《中央日报》驻西北特派员。除为上述二报写些通讯及其他文章外,又在西安各报发表作品,并为二支队及韩国革命作了不少宣传,同时续撰《亚细亚狂人》。

11 月,当时西北销路最大的西安《华北新闻》总编辑赵荫华约无名氏为该报写长篇小说连载。他便以李范奭过去所提供的题材,于

11月9日奋笔疾书,每日平均写七千余字,至29日告罄,写成14万字的中篇《北极艳遇》(后出单行本时,改名《北极风情画》),第一次使用"无名氏"的笔名。连载仅三四日,即轰动西安,该报销量剧增,一时显洛阳纸贵盛况。翌年1月载完,已然是"满城争说无名氏"。文人黄震遐见无名氏时说:"从前拜伦写了《柴尔德·哈罗德》旅游诗,发现自己一夜之间,名满伦敦。足下现在正是当之。大家 Compare you and chuxu(徐讦)。"这部书的成功真正实现了无名氏在1934年离家出走时所发下的宏愿:"我要凭苦斗为自己创造一个前程。"

这时无名氏与中俄混血儿刘雅歌(俄名 Tamara)热恋,恋情发展几经反复,甚至显得有些残酷(详见无名氏的长篇自传小说《绿色的回声》)。

1944年,27岁

创作长篇小说《一百万年以前》,在《华北新闻》连载。

夏,由该报出版《北极风情画》,初版二千册,预约即售光,市面书店无法销一本。因社长赵自强侵吞此书版税,不付分文与无名氏,无名氏遂愤而以西安友人周善同的爱情故事创作《塔里的女人》,自己筹款出版。初版二千册,预约几乎售光,再版亦迅即售完。于是他又自费印《北极风情画》和《一百万年以前》,三书都成为当时西北的畅销书。

由于作品获得巨大成功,年底赴重庆发展。数月后,李范奭亦来重庆。纳粹投降,二次大战胜利在望,韩国独立可期,临时政府一时大为活跃。

1945年,28岁

3月,在重庆出版《北极风情画》;5月,《塔里的女人》问世。两书的发行又造成重庆读书界的一次"海啸"。初版三千册,两天即一售而光。有六家书店,门市每日即售50余册。店老板们说,开了数十年书店,从来没见过一本小说每日可卖50本以上。再版三千本,四天内售罄。当时重庆的茶馆、餐馆、舞场、咖啡馆、旅馆,到处都有人阅读、谈论此书,两书在重庆的风靡盛况超过西安时代。

由于二书风行,有人为无名氏介绍婚事,他未轻易答应。他也没有因为两书的走红而涉足社交界,招摇过市。独自隐居于重庆长江南岸山中,静心考虑、构思六卷《无名书》的创作,并决心放弃《亚细亚狂人》的写作。他认为"后书格局较小,且我非韩国人,写异邦事难免有点隔阂"。

自己开设"无名书屋"出版社,只印《北极风情画》和《塔里的女人》,雇有一个会计,一个工友。后来六弟卜幼夫失业,也来此屋帮忙。

8月15日,日本天皇宣布无条件投降。9月,国民政府在南京正式受降。

11月中旬,无名氏乘"民元轮"返上海。12月,回扬州探望老母,母子相拥流泪。初见表妹卜宝珠。

1946年,29岁

春,《北极风情画》与《塔里的女人》在上海相继出版,迅即畅销。以后数年,销售达数万册。因国内战争造成若干铁路瘫痪,交通受阻,二书无法运到,各地便纷纷自行翻印,盗印版达21种,几年内,估计总印数超过30万册。这一年大约有10家报章杂志约请无名氏写长篇小说连载,均遭拒绝。

4月13日,赴杭州,卜居慧心庵。在此息交绝游,费时五个半月,完成《无名书》第1卷《野兽、野兽、野兽》的创作,约30万字。这段时期,无名氏日夜笔耕不止,有时半夜起床二三次,改写文字。(详见《慧心庵日记》)

10月赴沪,与时代出版社负责人周新洽谈此书的出版事宜,该书12月正式出版。

1947年,30岁

开始《无名书》第2卷《海艳》的创作,并与著名画家林风眠交往。

7 月的一天,在林宅忽感头部剧痛,疑为中风,急送医院。经医生诊断,是因创作过度,患脑疲症,嘱其休息一些时期。于是,有一个多月停止写作,常赴西湖观赏风景,脑痛渐始痊愈。以后工作,便稍有节制。

9 月,《海艳》上册在上海问世。与上海真善美出版公司负责人萧琏合作,所有作品,由无名氏自印,交该公司总编辑。这样,除版税外,他还可以获得出版利润。在林风眠处结识林的学生、著名画家赵无极夫妇。每周六在林宅或赵宅聚会,畅论艺术、文学、哲学、音乐、人生,人称"三剑客"。(详见《风雨故人来》)

冬,林风眠与赵无极在上海先后开画展,无名氏专程赴沪,为他们做宣传工作,并亲自撰写画论。《林风眠——东方文艺复兴的先驱者》及《赵无极——中国油画界一颗彗星》,即作于此际,受到美术评论界的重视。

年底,赵无极夫妇决定赴法国留学,把他的葛岭山麓 24 号别墅让给无名氏住。赵宅占地二亩七分,仅花园就近二亩,楼上楼下有七八间房。登楼凭窗,西湖美景尽收眼底。

1948 年,31 岁

1 月上旬,由慧心庵迁赵宅。蛰居此庵,茹素近 20 个月,与师太镜明相处融洽。迁居不数日,赵无极夫妇赴上海。

2 月 22 日,完成《海艳》下册,携稿赴沪。此时赵氏夫妇即将赴法国,无名氏到码头送行。

3 月,《海艳》下册在沪出版。

7 月,在沪出版散文集《火烧的都门》(台湾版后改名《薤露》),小说《一百万年以前》,哲思随笔《沉思试验》,短篇小说集《露西亚之恋》,长篇小说断片《龙窟》。

这时,两个少女相继闯入无名氏的生活。一是杭州某报女记者潘蕴芬,她能写小说,文笔不错,风度亦可。两人差点结婚。但因国内形势动荡,前途迷茫,无名氏函告潘,自己可能远去南洋。后来她遂与另一记者结婚。另一女性是林风眠的独养女林蒂娜。她对无名氏颇有好感，林夫妇也赞成他们俩能缔结秦晋之好。但无名氏顾虑婚后生活可能会影响其自由写作——在个人婚事与《无名书》之间，无名氏终于选择了后者。

建国后，林家迁往上海，林蒂娜嫁给一个所谓"娘舅"——奥国犹太人卡门·马克维茨，牙医，常住林家。几年后，林妻与卡门夫妇远走巴西。

1949 年，32 岁

春，因战乱，母亲与表妹卜宝珠来杭州葛岭山庄别墅同住。

5 月 4 日，解放军进入杭州；5 月底，上海解放。这一期间，无名氏完成《无名书》第 3 卷《金色的蛇夜》上册。

1950 年，33 岁

1 月，托人介绍卜宝珠入上海中国福利会幼儿园任教师。2 月，结识方为良，方系浙江大学法律系毕业生，是无名氏作品的热心读者。他不久任杭州小车桥监狱法官，一年后辞职，到上海某中学任高中教师。

1 月至 5 月初，续写《金色的蛇夜》下册。

5 月 9 日，赵无极大妹赵无华来葛岭别墅养病，患眼结核。二人坠入爱河，其母默许。

6 月中旬，赵母因事返沪，卜母亦回扬州办事。俩人热恋，如火如荼。

7 月底，赵母来杭，对无名氏甚赞许。赵无华偶量体温表，发现每日摄氏 37 度多。这样的体温在仲夏本不足道，但赵母恐她眼结核复发，8 月 5 日遂双双返沪诊治。无名氏因整整 3 个月陪伴她，未写只字，这时便日夜赶写《金色的蛇夜》下册。原来答应赵无华一个月左右赴沪看她，这时也因星夜创作而爽约。以致赵无华思念无名氏殷切，竟患相思病。

8月25日赵无华气急,送入中山医院,大夫诊断为病危。不料无名氏9月1日闻讯去上海探望后,她竟病情大减,以致大夫认为即可出院。但这不过是回光返照,她兼罹慢性肾脏炎及心脏病,终在10月2日病逝。无名氏悲恸之极,返杭后,一度想自杀。转念尚有老母,不得不苟且偷生。入院检查,发现肺尖及三根肋骨处患肺结核,遂居家养病。

1951 年,34 岁

"镇压反革命"运动开始。

3月,浙江文联戏剧组老友李朴园来葛岭,要无名氏参加文联小说组工作,言及只要下乡参加一次土改工作即行。无名氏同意,允诺于肺病稍愈时参加文联工作。但病情一直未见痊愈,李也未再上门。

市政府通知,因需赵宅作建设之用,令无名氏搬家。6月11日,迁居湖墅华光桥河下15号,位于大运河畔。

夏,向表妹卜宝珠求婚,获允。

9月,湖墅派出所蒋同志来访,令其写历史材料。

1952 年,35 岁

全国进行"三反、五反"运动。

夏,浙江国民党革命委员会负责人何燮侯,原来是清末京师大学堂(即后来的北京大学)校长,与无名氏房东傅瑞乐先生是老友。这天他走访傅老,后者特别推荐无名氏,何老见其谈吐不俗,乃劝他到民革工作。后来何老赴北京,而无名氏病一时仍未痊。

1953 年,36 岁

二三年养病期间,续撰《沉思试验》,书评及一些散文。又通过总结养病经验写了一本《我怎样养肺病》,十数万字。养病期间,无名氏仍不废读写,读《凡·高传》,称其为"第一个真正爱劳苦大众、爱农人、爱工人的画家,他的画全以他们做主题"。请其兄弟在海外为他购置西方文学书籍,其中包括托马斯·曼、保罗·瓦列格、亨利·詹姆斯、济慈、雪莱等二十余位古典及现代作家的作品。

1954 年,37 岁

医生诊断,肺结核已痊,双肺患处或钙化,结疤,或纤维化。

夏,与卜宝珠结婚,宴席仅一桌。

1955 年,38 岁

前两年,有时尚赴省文联,访诗歌组冀访等人。胡风事件发生后,不便再去。只在家中养病,读书,偶尔写作。此年方为良来杭看他,劝其到上海谋高中代课老师职。两人奔走一番,却无结果。

1956 年,39 岁

国务院招聘知识分子,动员无业者进行登记,无名氏亦去登记,结识诗人俞漱心。俞获工作,但无名氏无果。依然是无业游民,仅靠妻子的微薄薪金和间或兄弟的海外汇款维持生计。

同年春天,周恩来总理发表"百花齐放,百家争鸣","大鸣大放"政策的长篇报告,全国乃开始鸣放。报告中提到,容许不同流派的文艺作品存在。更说:哪怕是毒草,也可作肥料。此一报告激活了无名氏的创作热情。他暗自认为《无名书》风格应算是一个流派,便悄悄于"地下"续写《金色的蛇夜》下册尚缺的最后五万字,继之又开始《无名书》第 4 卷《死的岩层》的创作。

1957 年,40 岁

上半年,《死的岩层》杀青。继写第 5 卷《开花在星云以外》。

1958 年,41 岁

举国开展"大跃进"、"人民公社"运动。运动声中悄悄完成《无名书》第 5 卷《开花在星云以外》。

7月15日午夜,湖墅派出所数名警员突来无名氏家搜索3小时,尽管无所获,仍押解他到派出所。翌晨,又押送他与其他拘留人员到杭州湾畔下沙乡学习班。白天劳动,夜间学习,间或开斗争会。所幸无名氏无大的政治问题,因此没有作为斗争对象。经37天"学习班"而"毕业"。受此惊吓,无名氏的"地下创作"行为不得不有所收敛。经常积极做些居民工作,搞街道卫生,除四害,代写大字报等等。

1959 年,42 岁

无名氏一面参加运动,一面续写《无名书》第6卷《创世纪大菩提》。居民区开大会,常找他做记录。

1960 年,43 岁

5月3日上午,写完《创世纪大菩提》最后一字,在室内连跳三跳,轻轻低呼:"我胜利了!我胜利了!我胜利了!"斯时斯地,能完成260万字的六卷《无名书》,的确不是一桩寻常的事。无名氏引以为傲。

4年半来,因秘密创作《无名书》后三卷,精神高度紧张,神志太累,又带很大的政治风险。写完后,决定将个人的生活转移到较安全的领域。开始钻研书法,勤抚唐碑,柳字,欧字,颜字。结交邻老徐行恭旧诗人,他对书法深有研究,行楷俱佳,不时指导无名氏。闲暇之时,偶缀白话诗。

9月,第一次带了临摹柳字的小楷去上海求教书法大师沈尹默,受到鼓励。

10月,为缓解三年自然灾害带来的社会压力,政府以"下乡支农"为名,动员闲散居民报名下乡。无名氏亦报名,旋被批准。随杭州市各区三千多名市民先后到临安县潘板桥农场,编入一大队。在此劳动一年零四个月,开荒、种山芋、植果树、养牲畜,同时兼做文书工作。

劳动之余,仍不忘勤习书法,以练大字为生。每月集四个礼拜日回家休息，则日夜练字。如此，精神有所寄托。

1961 年，44 岁

经过秘密锻炼，4 月下旬本大队劳动大竞赛，无名氏开荒突破七厘——达七厘二毫三，被推选为劳动英雄和打虎闯将，受大会表扬。

夏天，放假期间再次专程赴上海访书法大师沈尹默求教，颇受嘉许。

1962 年，45 岁

1 月，因平日劳动尚积极，恪守场规，更不像其他某些场员爱滋事生非，再加上家中有 77 岁老母须子女照顾，被批准返杭，户口亦迁回杭州。

整整一年，苦练书法，常常从清晨 7 点一直练到午夜子时。自刻图章："书成用废"。结识书法家陆维钊（华东美术学院书法系主任）、王驾吾（杭州大学中文系主任），章宗祥（浙江图书馆馆长）等。徐行恭处更是常相过往。书艺大有长进。

秋天，裱一幅中楷，二幅小楷，一幅抚《十三行》，一幅摹《金刚经》，一幅临《多宝塔》，共六幅，访沈尹默。沈表示，楷书已很有水平，可以写行草了。即席写行书一幅送给他。

是年，老母 79 岁，向有关部门申请携母赴港探亲，遭拒。

1963 年，46 岁

以全部时间研习书法，友人均不赞成。认为他放弃文学，改行书法，是得不偿失。

于是，从这一年开始，回归文学创作，只利用余暇临摹碑帖。写有短篇小说《圣诞红》（后改名《花的恐怖》）。开始写青春期爱情自传长篇《绿色的回声》。

1964 年，47 岁

完成《绿色的回声》29 余万字。为杭州火葬委员会主任程心锦写浙江文史资料《记杭州市商会》万言,由程具名刊于《浙江文史丛刊》。发表后,引起北京文史资料委员会的重视,认为此文写得颇生动活泼,有意要他去北京参加座谈会,谈写作经过及经验,无名氏婉拒。后来《浙江文史丛刊》又托程心锦请无名氏写《浙江省商会》,但写成后,程逝世,此文乃搁置未刊。

1965 年,48 岁

完成《契阔》、《一根铅丝火钩》、《一型》、《妁》、《枯花》五个短篇小说,并写了一些诗。补记当年与赵无华恋爱时日记。

从 1962 年至 1965 年,这四年中国大陆未开展任何剧烈政治运动,而 1962 年陈毅代表中央,替知识分子"加冕",尊为脑力劳动者,故大家——也包括无名氏个人——"日子过得比较轻松些"。

母 82 岁,无名氏希望将其送赴香港哥哥处,再次申请送母赴港,仍未果。

1966 年,49 岁

开始练习英文作文,继续写诗。

5 月,聂元梓在北京大学贴出第一张大字报,"文化大革命"开始。

8 月下旬,杭州开始抄家。

8 月 26 日下午 1 时,杭州第三中学红卫兵五人来无名氏宅抄家。为保护《无名书》手稿,无名氏想尽方法,和他们蘑菇了五个多小时!乘其出去吃晚饭时,迅速把后房箱中的所有文稿暗藏于一个巨大衣橱后面。饭后,他们再来抄后房时,仅在箱中及橱内拿了些书籍、照片、信件。他们走后,无名氏速将文稿放在一只菜篮内,上置脏衣,装作送衣出去洗,偷雇三轮车到城内好友俞漱心家收藏。次日凌晨,又把另一半文稿放在菜篮内,如法炮制,送到俞家。以后红卫兵再来时,已查不到任何稿件。

1967 年，50 岁

夏，乘局势混乱，妻子得幼儿园某红卫兵头头支持，占有了该园一个汽车间，将老母送去，准备全家团圆，长住上海。

1968 年，51 岁

春节，一家在汽车间度过。友人方为良也来参加。此室前有高厦招风，日夜风大，故名之"听风窟"。

3 月，支持妻子的红卫兵头头兼幼儿园革委会头头忽然失势，于是被另一派逐出"听风窟"。原因主要是"无业游民"身份，和其来往的朋友方为良等人仍处"牛棚"内。不得已，3 月 12 日，无名氏与老母又迁回杭州老宅。

5 月的一天，方为良忽由沪来杭，说不堪忍受在"牛棚"中遭受毒打。刚好有一位老同学搞到两张赴澳门的出境证，可以让给他一张，但必须要在杭州见面，方可成行。故方先要在无名氏处住二宿，然后与那人一同赴广州。明知留方住宿必闯大祸，但为了友谊和道义，无名氏仍留宿了他。第三日下午，方与那人见面，对方要挟方为良先把身藏数百元及几两黄金分他一半，才肯带他走。方知受骗，决定摆脱困局。无名氏为其买好去苏州船票。翌晨在码头相见，目送他乘轮而去。

方为良去后，一连六七星期妻子不再来信，6 月初也不见汇款来。无名氏心知有异。

6 月 28 日，赴上海好友刘屺怀家探询。刘告知，方为良东窗事发，几个友人全受牵连，无名氏妻子肯定已被隔离审查。第三日上午，无名氏前往幼儿园，要求见妻，遭革委会主任拒绝。无奈，下午，无名氏返杭。晚七时许，刚出火车站，四名彪形大汉将无名氏押上囚车，以手枪顶住其脊背，径送杭州小车桥监狱。

冬天，从李木天法官的审讯中得知：藏在俞漱心家的文稿已被抄走。他知道，这是妻子告密。

1969 年,52 岁

在狱中被审讯若干次,写了不少个人材料,但对几位朋友,无名氏从无一字对他们不利或有所伤害。

9 月 9 日下午 3 时,被释放回家,体重锐减十二公斤,只剩四十三公斤。在狱中大饿一年,当晚一连吃了十五碗饭。一周后,拱墅区公安分局在灯光球场开宣判大会,共判四人,无名氏名列其中。罪名是:"窝藏叛国投敌集团首要分子方为良"和"思想反动,一贯暗写反动文章"。判决他"戴上反革命分子帽子,交群众监督劳动改造。"这以后,凡是居民区或街道义务劳动,都有他的份。

出狱后始知,《塔里的女人》手抄本风行社会。

1970 年,53 岁

春节,妻子卜宝珠未回家过春节,但偶尔仍有信来,要他好好改造思想,并建议他自动下乡去从事农业劳动。由于派出所不同意他主动下乡,他回信告妻,以后她就不再回信。

夏,她来信,决定和无名氏离婚,并痛斥他害了她多年。接信,无名氏大受刺激,三天三夜未能合眼睡眠。

1971 年,54 岁

夏天,卜宝珠来杭州和无名氏办离婚手续。居民区治保主任徐河二劝她,说无名氏近两年表现良好,派出所就要给他摘"反革命分子"帽子了。她唯唯否否,似仍有旧情。对无名氏态度尚好。

秋,她第二次来杭州办离婚,起先态度尚可,但后来不愿理无名氏,对无名氏精神刺激颇大。她来家看老母时,无名氏一时激愤而用词欠妥,她大愤而去。本来残存的藕断丝连,自此全绝。

1972 年,55 岁

1 月,卜宝珠第三次来杭州办理离婚手续,组织上已经给她下达通知:一个月内办不成离婚,给三个月假期。三月不成,给六个月假。再不成,给一年假。一年离不了婚给二年——甚至三年假。无名氏不忍见她如此受苦,遂同意离婚。

9月,无名氏被摘去"反革命分子"帽子。从此时起,又恢复钻研书法,终日临碑帖,在行书草书上用功,这也是当时最安全的行为。

1973—1975 年,56—58 岁

73 年,卜宝珠另嫁他人。(卜宝珠系卜家养女,原姓刘,来卜家起名卜菁,后改名卜宝珠,现在恢复原姓"刘",改名刘菁。)离婚后,她不与无名氏和其母亲通信。

这三年,无名氏苦练行书草书有成。恰巧此时全国各省市大兴书法风,杭州更几乎是各校师生全练字,甚至连门房传达也习字。

1976 年,59 岁

参加拱墅区书法展览会,也收了几个学生,教他们文学与书法。

卜少夫在香港以《新闻天地》社名义出版《无名氏全书》。先出了七本,包括:《无名氏生死下落》(卜少夫编著)、《北极风情画》、《塔里的女人》、《火烧的都门》、《龙窟》、《一百万年以前》、《露西亚之恋》。七本书的封面,由无名氏的好友著名画家赵无极设计。其中《无名氏生死下落》一书,内收若干评论家的评论,多赞许《无名书》(当时该书仅出二卷本)之辞,有人甚至认为它可与西方名作相比。此书在港推出后,被遗忘了的无名氏重新引人注目。

9月9日,毛泽东逝世。10月"四人帮"被捕。文化大革命结束,举国欢腾。

1977 年,60 岁

1月1日,几位学生和一些邻居、友人为无名氏六十寿辰祝寿,摆宴席四桌。母患病,未能参加。

3月3日,慈母逝世,无名氏悲恸之至,以致数月心情不能平静。

学生及友人们帮他料理丧事。不久,二哥卜少夫与六弟卜幼夫也分别在港台两地为母治丧,场面盛大。

5月,为疗治母丧带来的巨大感伤,与五学生一友人赴安徽屯溪,游黄山四日。又由后山经太平县至芜湖,小游半日。再过南京,走马观花半天。最后抵苏州,玩了一日,乘轮船返杭州。

1978 年,61 岁

初夏,赴沪访老友王友乾等人,王属"右派"。根据形势,大家认为中央政策将有大变,"右派"分子将一律摘帽。

7月,方为良突然来杭,说他十年前拟出境,被判了十六年,在上海提篮桥监狱关了10年。近日被有关部门断为错案,已经为他平反,恢复原来教职。并问他,受此案株连的还有哪些人?他首先指无名氏。估计不久其他受累友人即可平反昭雪。欢聚二日,在餐厅举筋痛饮,得庆更生。

9月初,派出所在居民区开会,为无名氏平反,"历史反革命"帽子一并摘除。从此,与一般公民无异。

10月,派出所将过去查抄的创作原稿、信件、照片,通统还给无名氏,其中包括《无名书》的后三卷半全部稿件。无名氏大喜若狂。派出所长道:"老卜!这一下你可开心了!"无名氏连说:"开心!开心!"这天晚上,在睡梦中笑醒了好几次。

不久,派出所又找他去,把《绿色的回声》原稿也还给他。这部手稿原藏于卜宝珠处,她后来坦白,交给幼儿园,又转公安部门,这次也发还了。《无名书》原稿能保存下来,与法官李木天有关,若非他别具慧眼,此稿早毁。他是此稿第一个读者。当时他文化高,(之江大学毕业),比较客观理性,原定判决无名氏无罪,不戴"帽子",但上面极"左"人员不同意。

形势大好,无名氏决定尽速整理《无名书》后三卷半,几个学生帮忙抄写,一份稿子用复写纸复三份,假如在邮寄海外时被扣,再寄第二、第三份。

香港学者司马长风《中国新文学史》问世,对《无名书》评价颇高。

1979 年,62 岁

1 月 1 日,二哥卜少夫在香港接无名氏信,答应与其合作,为他提供了一些港友的地址,让他分头寄稿。从元旦日第一封信,一直寄到年底。他为此起了一个代号 Over Lord——"统生运动",这是二次大战盟军登陆诺曼底的代号,无名氏认为这个规模浩大的邮寄活动无疑有点像诺曼底登陆。

这年起,无名氏的文章又在海外——主要是在香港、台湾公开发表了。香港各报章杂志非常欢迎无名氏的文章。他是大陆第一个作家在海外——特别是台湾刊出作品者。

1980 年,63 岁

这一年,台湾《联合报》副刊开始连载《无名书》第 4 卷《死的岩层》四十多万字。该报是台湾销售百万份的大报。事先请旅美著名女作家丛甦写成长篇论文《无名氏论——印蒂的追寻》,刊于《联合报》副刊。后来主编痖弦写信给卜少夫称:此文刊出,"好评如潮,大家全认为自有台湾文评以来,这是最重要的评论"。此文对《无名书》大加赞赏,并将它与陀思妥耶夫斯基、劳伦斯、托马斯·曼、赫曼、海斯等西方名家作品相提并论。

10 月,二哥卜少夫函告无名氏,收到《无名书》第六卷《创世纪大菩提》最后一页。至此,后三卷半一百六十多万字通过两千多封信件的形式完全"在诺曼底登陆了","统生运动"大功告成。他与几个学生兴奋不已,他在屋内对他们说:"当年'慕尼黑协定'签约后,捷克总统贝尼斯忍辱签约,同意割让苏台德区给德国。希特勒拿到贝尼斯的签约书后,立刻冲到办公室内,拥抱每个工作人员,并大声狂喊:'今天是我希特勒最伟大的一天!'我痛恨希特勒,我是一个平常人,甚至是一个'小小马铃薯',但我能在如此艰巨环境中完成 260 万字左右《无名书》,而且,近两年又以两千多封信偷寄到海外,今天真可算是我毕生最不寻常的一天!"他热烈拥抱每个弟子。他们也低呼:"胜利! 胜利!"

秋,浙江省政府交际处处长偕其科长来访。约数日后吃饭,长谈。过了几天,他们派车接无名氏赴湖滨大华饭店旁某洋房。从下午二时起,长谈共约六小时。其间无名氏说:"目前政府政策是:知识分子是否信仰马列主义,并非最大的关键性问题。关键性大问题是:你是否赞成祖国和平统一,凡赞成的,就是爱国者。"同时说明下列三点:"(一)过去我并未犯错,是政府委屈了我。(二)目前我不便作'国家干部',也不便拿政府钱,那样,作为自由作家,我在海外发言就失去力量,也无人重视了。(三)政府出版社出我的书,我没有意见。"年底,他们又在灵隐寺餐厅设了一桌素筵,专请无名氏一人,双方谈了很久。

1981 年,64 岁

继续将其他稿件寄往海外,其中有长篇《绿色的回声》等。

春,中国青年出版社编辑李某由北京来访。说该社文艺室主任王维玲找了他大半年,遍寻廿余省,最后才在杭州探寻到他的下落。王先看到《无名氏生死下落》一书,见海外一些评家如此推崇,而他本人又极喜《北极风情画》、《塔里的女人》,这才决定让李远道探访无名氏,希望无名氏能为未来中国新文艺继续作出较大贡献。他希望先把《无名书》后三卷半文稿交给王维玲审阅,看能否出版。又表示,他们计划先出《北极风情画》、《塔里的女人》二书。经他再三恳求,无名氏便把《无名书》后三卷半的复写稿交给了他。

王维玲得稿后,用了三个月的时间审阅此稿。看完《无名书》稿,王曾来长信,称许此书确有艺术价值,但目前形势下不大可能出版,他将来一定要争取在内部出版,供作家们参考。

通过中国青年出版社的渠道,无名氏收到香港出版的《无名氏全书》及《无名氏的生死下落》。《下落》令他感动不已。侯立朝在评论中拿《无名氏全书》的出版与当时美国索尔贝获得诺贝尔奖一事相比。他认为《无名书》未能完成全部六卷,(其实早已完成,未能出版),"使中国失去了一个诺贝尔文学奖获得的记录"。

夏,法国巴黎大学陈庆浩教授来访,说欧洲汉学会议拟出版一书推介 20 世纪中国现代小说,他负责介绍《无名书》,希望无名氏提供资料,获允。

九月,浙江省政府聘他为省文史研究馆馆员,月薪 60 元。省府来人解释,文史馆员是荣誉职位,不是国家干部。他收下聘书,但月薪未领。

秋,由香港中文大学与香港大学同学们合办的《星火文艺》杂志社五位男女同学来访。该社的一些同学正在研究两个中国作家的作品,一个是远在美国大学教书的作家张系国,一个便是无名氏。他们拟出两个专辑。张的研究专辑已出版,现打算编无名氏的作品研讨专辑,主要是探讨《无名书》二卷半,加上正在《联合报》连载的《死的岩层》。访谈二日,归去二月后《无名氏专辑》问世。

长沙湘江出版社在内部出版《中篇小说选》上中下三册。中下二册收西方名家伏尔泰、屠格涅夫等人名作,上册则辑沈从文的《边城》与无名氏的《塔里的女人》、《北极风情画》,供作家内部参考。该社只印了五千册,旋即被抢购一空。

冬天,湖南省文联负责人之一宋梧刚与一同事由长沙来访,希望无名氏为文学期刊《芙蓉》撰稿,于是短篇《一根铅丝火钩》后刊于《芙蓉》。

香港《中报》月刊编辑来访,后在该刊发表无名氏的访问记。

香港著名诗人戴天及台湾女作家蔡琴先后游杭州,拟访无名氏,统战部门不同意。江南来杭,安排两人在杭州饭店见面。

郁达夫的儿子郁飞及侄女郁风亦先后来访。

这一年,无名氏一向寂寞冷落的门庭开始热闹起来。

1982 年,65 岁

续寄香港的文稿近百万字,连同前两年共寄出近三百万字,发出的信近四千封。

3月,得香港友人来信,要他尽快申请赴港探亲,因中共在香港的负责人已向北京反映过情况,若申请探亲,必可批准。不久又获二哥信,谓中共在港负责人费彝民(《大公报》社长)的确已向中央要求准许无名氏赴港探亲,让他从速申请。遂赴湖墅区政府办申请手续,言明费彝民支持事。

春天,浙江文联党组书记高光偕浙江作协副秘书长沈行来访,希望其加入文联,允考虑。后来沈又单独访无名氏,说考虑由本省出版社印他的作品,向大家介绍。

5月,广州花城出版社派人来访,想出版无名氏的作品,无名氏遂交《绿色的回声》给他。

不久,随浙江作家访问团到宁波访问,游览阿育王寺、天童寺及溪口。

初夏,丛甦由美国回杭探亲,来访无名氏,在西湖畔散步长谈。翌年写《小晤无名氏》,刊于台湾《中国时报》。

7月下旬,获港友信,说中央已批准赴港探亲,嘱其从速准备。不数日,二哥卜少夫亦来函,证实此事。但他仍决定等有关方面正式通知。

8月,省文联邀其参加西天目山全浙作家座谈会,与老诗人汪静之同室。摘帽"大右派"林希翎亦要求来参加,被批准。月底,林希翎访高光,问高《无名书》是否可在浙江出版?高说,这几本书是资产阶级意识形态的书,不可能出版。

11月5日上午,湖墅街道前派出所所长方康年通知无名氏,下午二时同去省委。与浙江省对台办公室主任祁复太谈了一小时,他对无名氏说:"你可以去(香港)了。"

从这天下午起,无名氏就异常忙碌起来。足足忙了一个多月,才处理好各式杂事,以及积存的大量原稿。

12月初,通知上海好友方为良、王友乾等人来杭会面,聚了两天。同时也告知几个学生探亲事,请他们帮忙。

12月16日，祁复太请无名氏在大华饭店吃晚饭，由方康年与另一对台办公室干部相陪。嘱弟子宋友杭、毕茂全先把几件大行李用火车运广州。

12月19日，定于晚间7点飞广州，下午2时始通知院子里各邻居。

赴飞机场送行者，有二十多人。沈行代表文联与作协，也来了。晚8时抵广州，与宋友杭、毕茂全二人会合，住铁路招待所。翌日林希翎来访，四人游广州。晚间由林希翎陪同拜访画家廖冰，从前他曾为《北极风情画》绘封面。

22日上午，访花城出版社。他们表示，不久出版《绿色的回声》，可能先在《花城》杂志连载。

23日上午9时，乘火车离广州赴深圳，12点抵深圳。不久过罗湖桥，迳赴香港入境事务处办手续，费时四小时。下午5时，由罗湖站乘火车赴九龙。陪同的有李相杰、赵敏夫等。

晚7时许，抵九龙红磡车站。二哥卜少夫兄嫂早已等候在此。兄弟拥抱时不禁百感交集，潸然泪下。兄弟拥抱的照片刊在香港媒体上，标题是：《三十三年一拥抱》。无名氏的抵港，新闻界形容为"无名氏旋风"。

1983年，66岁

初，六弟卜幼夫转马福美小姐致无名氏书信，两人开始频繁书信往还，恋情逐步加深。

3月，无名氏在香港的最后一个月，去与留经历了极为紧张的一幕。他是持双程通行证到香港的，三月届满必须回大陆。直到居留期的最后一天——3月22日下午7时30分，由其兄卜少夫亲自陪同乘中华航空公司的班机直飞台北。定居台北，新居位于台北市郊石牌路。

12月21日，赴台中中兴大学演讲，归途，获悉早年恋人刘雅歌下落，感慨系之。

1985 年,68 岁

两年多来,在台湾进行了两百多次演讲,相继出版了 10 余本书,达四百七十万字;发表了四百多篇文章。

5 月 19 日,与马福美小姐举行盛大婚礼,大宴宾客三十余桌,出席的贵宾有国民党元老黄少谷,政界名人蒋纬国等,成为文化界的一大佳话。马福美时年 29 岁,山东莱芜人,毕业于台北师专音乐系,曾获台湾电子琴大赛冠军。是无名氏作品的热心读者,通读了无名氏的全部著作,对其作品有疯狂的偏爱。两人相差 39 岁,无名氏自认这次婚姻也创造了一个新的记录。

11 月起,先后在美国、加拿大、日本作了二十四场演讲。后写有《多伦多踪印》、《入纽约记》、《奇餐记》等。

是年,曾庆瑞、赵遐秋合编《中国现代小说 140 家札记》,由漓江出版社出版,以批评的口吻提及无名氏的作品。

1986—1997 年,69—80 岁

自定居台湾后,无名氏对现实人生所思所想,颇多微辞。后大多辑录在《淡水鱼冥思》里。对日益猖獗的"台独"势力,他也义愤填膺。声言,只有肃清李登辉、陈水扁等"台独分子"流毒,坚持一国两制统一原则,华夏儿女才有光明前途。

多种文字在海外出版。继续修改《无名书》。

1986 年,人民文学出版社出版由严家炎选编的《中国现代各流派小说选》,第四册选入无名氏的《逝影》、《海边的故事》、《日尔曼的忧郁》、《龙窟》等短篇,把中篇《塔里的女人》和长篇《野兽、野兽、野兽》作为存目编入其中。

1989 年,中国文联出版公司出版《中国新文艺大系》"参考丛书",将《野兽、野兽、野兽》列入其中公开出版。

同年,严家炎著《中国现代小说流派史》由人民文学出版社出版,把徐訏、无名氏的小说囊括进"后期浪漫主义"名下。

1990 年，孔范今主编《中国现代文学补遗书系·小说卷七》由济南明天出版社出版，选入无名氏《无名书》第二部《海艳》，文后附有郭德芳的评析文章《无名氏和他的〈海艳〉》，由此拉开 90 年代无名氏研究的序幕。

1991 年，杨义著《中国现代小说史》第 3 卷由人民文学出版社出版，对无名氏的小说作了比较客观的解读和评价。

1993 年，深圳海天出版社出版《北极风情画》和《塔里的女人》，读书界反响热烈。

1995 年，花城出版社推出"无名氏作品系列"，收录《无名书》前两卷《野兽、野兽、野兽》《海艳》，爱情自传小说《绿色的回声》，散文集《塔里·塔外·女人》，随想录《淡水鱼冥思》及爱情小说《北极风情画》和《塔里的女人》。

1998 年，81 岁

1998 年，钱理群等人著《中国现代文学三十年》（修订本）由北京大学出版社出版，无名氏作为现代文学史上的"后期现代派"的重要作家受到较高评价。

9 月，李伟著《神秘的无名氏》由上海书店出版社出版；10 月，汪应果、赵江滨合著《无名氏传奇》由上海文艺出版社推出。两书出版，将大陆的"无名氏热"推向高潮。

10 月 5 日上午，无名氏从台北桃园机场乘机，转道香港直飞杭州，开始了阔别 16 年后的大陆行。下午到达杭州。旧地重游七日。

10 月 13 日赴上海，游览上海 10 日，只是在亲友间往来，领略亲友间的温馨。参加上海文艺出版社的宴请。与前妻刘菁会面。

10 月 22 日，由沪赴宁，下榻红楼山庄。南京市台办、作协相继宴请，游览风光，寻访故址。

10 月 27 日下午，应邀到南京大学中文系演讲，听讲者大都为博士生和硕士研究生，也有无名氏作品的爱好者。无名氏的题目是：从《塔里的女人》到《无名书》的创作过程。28 日晚，无名氏应邀到南京师范大学演讲。

11 月 3 日,回母校——三民中学(现为南京市第四中学)参观。

11 月 11 日离开南京,再度去杭州 3 天,和友人相晤后去广州,与花城出版社洽谈版权事宜。

11 月 17 日,无名氏离广州返台北。

1999—2002 年,82—去世

2000 年,耿传明著《无名氏传》由江苏文艺出版社出版。

2001 年中,重返大陆。中秋在杭州度过。此次回大陆,除探亲访友之外,主要与上海文艺出版社商谈《无名书》的出版事宜。

是年,《无名书》第 3 卷《金色的蛇夜》由上海文艺出版社出版。随笔《谈情》、《说爱》和自传恋史《我心荡漾》也相继在大陆出版。人民文学出版社出版他的《散文精选》。

中秋过后,他到南京大学、南京师范大学演讲。后去上海,在复旦大学、华东师范大学演讲。他说:"中国大陆的变化真大,经济成就不用说了,文化上也越来越开放。以后每年要回来一次,在这儿的时间应会越来越多。"

2002 年 10 月 2 日,仍在家创作不辍,并计划 12 日动身到苏州,授权台湾中国电视台拍摄《塔里的女人》。行前突发急病,于 10 月 11 日凌晨病逝台北荣民总医院。享年八十五岁。

主要参考文献

［1］无名氏：《年谱》，未刊。

［2］无名氏 1996 年寄给汪应果生平自述补充材料。

［3］汪应果、赵江滨：《无名氏传奇》，上海文艺出版社，1998 年。

［4］卜少夫、区展才主编：《现代心灵的探索》，台湾黎明文化事业公司，
1989 年。

［5］卜少夫编著：《无名氏生死下落》，香港新闻天地社，1976 年。

［6］无名氏 1998 年 10 月 27 日下午于南京大学讲演的录音。

［7］1995 年 11 月 8 日在上海采访无名氏好友方为良及前妻刘菁的录音记录。

［8］无名氏：《北极风情画·塔里的女人》，花城出版社，1995 年。

［9］无名氏：《野兽、野兽、野兽》，花城出版社，1995 年。

［10］无名氏：《海艳》，花城出版社，1995 年。

［11］无名氏：《金色的蛇夜》，香港新闻天地社，1983 年。

［12］无名氏：《金色的蛇夜》续集，香港新闻天地社，1982 年。

［13］无名氏：《死的岩层》，香港新闻天地社，1981 年。

［14］无名氏：《开花在星云以外》，香港新闻天地社，1983 年。

［15］无名氏：《创世纪大菩提》，台湾远景公司，1984 年。

［16］无名氏：《塔里·塔外·女人》，花城出版社，1995 年。

［17］无名氏：《淡水鱼冥思》，花城出版社，1995 年。

［18］无名氏：《绿色的回声》，花城出版社，1995 年。

［19］《无名氏诗篇》，香港新闻天地社，1982 年。

［20］许道明、冯金牛选编："海派小品集丛"：《沉思琐语》，汉语大词典出版社，
1996 年。

［21］杨义：《中国现代小说史》，人民文学出版社，1991 年。

［22］司马长风：《中国新文学史》，香港昭明出版社，1978 年。

［23］李辉英编著：《中国现代文学史》，香港文学研究社，1976 年。

［24］马良春等：《中国现代文学思潮史》，北京十月出版社，1995 年。

〔25〕严家炎选编：《中国现代各流派小说选》，北京大学出版社，1988年。

〔26〕严家炎选编：《新感觉派小说选》，人民文学出版社，1985年。

〔27〕严家炎：《中国现代小说流派史》，人民文学出版社，1989年。

〔28〕钱理群等：《中国现代文学三十年》（修订本），北京大学出版社，1998年。

〔29〕钱理群：《丰富的痛苦》，时代文艺出版社，1993年。

〔30〕谢冕：《1898：百年忧患》，山东教育出版社，1998年。

〔31〕杨鼎川：《1967年：狂乱的文学年代》，山东教育出版社，1998年。

〔32〕孔范今：《悖论与选择》，明天出版社，1992年。

〔33〕〔美〕周策纵：《五四运动：现代中国的思想革命》，江苏人民出版社，1996年。

〔34〕胡伟希等：《十字街头与塔》，上海人民出版社，1991年。

〔35〕〔美〕林毓生：《中国意识的危机》，贵州人民出版社，1988年。

〔36〕李军：《"家"的寓言》，作家出版社，1996年。

〔37〕《鲁迅全集》，人民文学出版社，1981年。

〔38〕《独秀文存》，安徽人民出版社，1987年。

〔39〕《胡适文存》，台湾远东图书公司，1953年。

〔40〕《梁启超选集》，上海人民出版社，1984年。

〔41〕梁漱溟：《东西文化及其哲学》，商务印书馆，1987年。

〔42〕吴国盛：《时间的观念》，中国社会科学出版社，1996年。

〔43〕〔法〕萨特：《存在与虚无》，北京三联书店，1987年。

〔44〕〔德〕海德格尔：《存在与时间》，北京三联书店，1987年。

〔45〕〔美〕考夫曼编著：《存在主义》，商务印书馆，1987年。

〔46〕〔英〕艾耶尔：《二十世纪哲学》，上海译文出版社，1987年。

〔47〕〔美〕赫舍尔：《人是谁》，贵州人民出版社，1994年。

〔48〕〔美〕詹明信：《晚期资本主义文化逻辑》，北京三联书店，1997年。

〔49〕〔德〕蓝德曼：《哲学人类学》，工人出版社，1988年。

〔50〕〔英〕阿伦布洛克：《西方人文主义传统》，北京三联书店，1997年。

〔51〕〔美〕约瑟夫·祁雅理：《二十世纪法国思潮》，商务印书馆，1987年。

〔52〕〔美〕保罗·蒂利希：《文化神学》，工人出版社，1988年。

〔53〕〔美〕威廉·巴雷特：《非理性的人》，商务印书馆，1995年。

〔54〕〔美〕杰姆逊：《后现代主义与文化理论》，北京大学出版社，1997年。

〔55〕〔德〕孙志文：《现代人的焦虑和希望》，北京三联书店，1994年。

［56］［苏］阿尼莫斯特：《歌德与〈浮士德〉》，北京三联书店，1986 年。

［57］［美］P·蒂利希：《存在的勇气》，贵州人民出版社，1998 年。

［58］［法］雨果：《九三年》，太白文艺出版社，1994 年。

［59］［意］但丁：《神曲》，人民文学出版社，1954 年。

［60］［德］歌德：《浮士德》，上海译文出版社，1982 年。

［61］李强：《自由主义》，中国社会科学出版社，1998 年。

［62］Edited by Roger Fowler. A Dictionary of Modern Critical Terms, Roulledge & Kegan Paul Ltd, Lodon, 1978.

［63］Hsia, Chih-Tsing. A History of Modern Chinese Fiction, New Haven: Yale Up, 1971.

后　记

　　本人与无名氏的学术遭逢纯属偶然。但蓦然回首,却不免有些吃惊——这一过程时断时续竟然跨过了那么长的时间。这对于我来说,不得不承认是一种学术宿命了!

　　无名氏早在上一世纪40年代就已成名,但说来惭愧,我最早知道中国现代文学史上有一个叫"无名氏"的作家,却还是在1987年参与编撰《中国现代文学辞典》的过程中。稍后,又看到上海书店影印出版的现代文学史畅销小说《塔里的女人》,方知该书的作者就是无名氏。但对无名氏的了解也仅限于此而已,当时既无条件也无意对无名氏进行更深入的学术探究工作。

　　1995年春,从大陆定居台湾已经12年的无名氏,突然与南京大学汪应果教授取得了联系,并寄赠了一批珍贵资料——其中包括手书未刊的《年谱》。于是在汪应果先生的建议和指导下,我们开始合作进入无名氏的研究工作,直接的后果就是促成评传《无名氏传奇》一书的出版(上海文艺出版社,1998年10月)。该书出版后的学术反响让我感到有些意外——因为当初我并没有在这个话题上走得更远的打算。

　　《传奇》是地道的学术评传,只不过采用了尽可能生动的表达方式,在充分注意学术严谨性的同时,也力求照顾到读者的阅读趣味。但受限于文体和出版时间,在写作《无名氏传奇》中积累的一些资料和产生的一些思考未能从容加以利用和获得充分阐述。于是,在接下来的博士论文选题构思当中,我便试图对此加以提炼,以期对前书的遗憾进行弥补,并力图凸现学术研究的理论价值。因而,本书事实上是《无名氏传奇》的姊妹篇,两书各有侧重,互为补充,试图更全面地挖掘和还原文学史上的无名氏其人和其全部思想风貌。

　　众所周知,无名氏在中国现代文学史上是一位个性、思想和经历都十分奇特的作家,从他的外部行迹或现象上看,他与现代主流文坛一直处于不和谐的游离状态。因此,寻绎这个作家和更大社会文化思潮的联系在大多数时候只能以理论逻辑的方式出现。尽管这与我的学术兴趣颇为吻合,可是要在芜杂凌乱的材料中切实构建无名氏与宏观历史文化背景的理论联系,也非易事。不过,我个人倒确实希望在无名氏的研究工作中挖掘并论证一些具有更大学术价值的理论命题,以完成理论思维对现象背后逻辑联系的把握。

　　本书以写成的初稿形式参加了博士论文的答辩,受到的肯定既让我感到意外,又深受鼓舞,其中的建议也让我获得了进一步修改校正的方向。但离开南京大学以后,一时心有旁骛,对本书修改完善的事也便搁置在了一边。直到最近一年,才有时间和精力初步完成了对书稿的修改完善工作。

　　本书增加了三个附录。"附录一"是和汪应果先生合作完成的论文,曾提交1997年9月在苏州大学召开的"第四届巴金国际学术研讨会",尝试从同时代作家比较的角度来重新认识巴金和无名氏;"附录二"是对无名氏1998年10月末在南京大学中文系演讲录音的整理,这是数十年来无名氏在大陆第一次公开阐述自己的人生、思想和创作,对深入理解和研究无名氏无疑具有重要的启发和不可替代的文献价值;"附录三"是根据无名氏自己提供的手书《年谱》,校勘所见到的各种资料,最后辑录而成,对无名氏人生的全貌做了概要的勾勒。

　　在本书即将付梓之时,首先要感谢汪应果先生,他活跃开阔的学术视野予我启发很大,民主宽容的风范也让我获益颇多。其次,要感谢北京师范大学王富仁教授,扬州大学曾华鹏教授,山东师范大学朱德发教授,江苏省社会科学院陈辽研究员,诸位先生在论文答辩前后所给予的具有真知灼见的鼓励和建议让我受益匪浅。本书的部分章节曾摘要以论文的形式先后发表于《世界华文文学论坛》、《浙江学刊》、《宁波大学学报》,在此谨对姜建先生、项义华先生、戴光中先生表示衷心的谢意。最后,学林出版社张建一先生和本书责任编辑李晓梅女士,为本书的出版提供了必要的帮助并付出了辛勤的劳动,一并表示衷心的谢意。

2005 年 4 月 12 日于宁波

图书在版编目(CIP)数据

从边缘到超越:现代文学史"零余者"无名氏学术肖像/
赵江滨著. —上海:学林出版社,2005.5
ISBN 7-80668-914-1

Ⅰ. 从... Ⅱ. 赵... Ⅲ. 无名氏(1917~2002)—人
物研究 Ⅳ. K825.6

中国版本图书馆 CIP 数据核字(2005)第 024388 号

从边缘到超越
——现代文学史"零余者"无名氏学术肖像

作　　者——赵江滨
责任编辑——李晓梅
封面设计——胡晓峰
出　　版——学林出版社(上海钦州南路 81 号 3 楼)
　　　　　　电话:64515005　传真:64515005
发　　行——新华书店上海发行所
　　　　　　学林图书发行部(钦州南路 81 号 1 楼)
　　　　　　电话:64515012　传真:64844088
照　　排——南京前锦排版服务有限公司
印　　刷——常熟市东张印刷有限公司
开　　本——890×1240　1/32
印　　张——6.5
字　　数——20 万
版　　次——2005 年 5 月第 1 版
　　　　　　2005 年 5 月第 1 次印刷
印　　数——3000 册
书　　号——ISBN 7-80668-914-1/Ⅰ·244
定　　价——16.00 元